法廷通訳ハンドブック実践編

【カンボジア語】

最高裁判所事務総局

はじめに

　法廷通訳については，通訳の対象が法廷という極めて特殊な状況での会話であるために，通訳一般で必要とされる十分な語学力に加えて，法廷通訳に求められる特別の心構えや刑事手続の基本的な知識を身につける必要があります。そして，経験を積む中で，刑事手続への理解を深め，事実に争いがある否認事件等の複雑な手続や，控訴審などの通常の第一審と異なる手続の通訳もこなせるようなレベルにまで，能力を向上させていくことが期待されます。このようなレベルに達するには，法廷での特殊な用語，法律的な知識など法廷通訳に特有の事項をよく理解することが必要となります。

　本書は，そのための手助けになるように，できるだけ実践的な内容とすることを心がけ，第1編では刑事手続の流れに沿って，通訳人からよく質問される事項をQ＆Aの形でまとめ，第2編では，控訴審の手続をできるだけ平易に説明するとともに，第3編及び第4編では，法廷で使用されることの多いやりとりの具体例や，法律用語などの通訳例をできる限り網羅的に掲載することを心がけました。

　本書が広く刑事裁判の通訳に当たる方の一助となれば幸いです。

　　令和3年2月

最高裁判所事務総局刑事局

目　　次

第1編

刑事裁判手続における通訳人の留意事項

第1編　刑事裁判手続における通訳人の留意事項

　　ここでは，通訳を必要とする刑事裁判での手続に即して，しばしば問題となる事項又は通訳人が留意すべき事項について説明します。法廷等で使用される用語の訳語については，53ページの「法廷通訳参考例」又は129ページの「法律用語等の対訳」を参照してください。

第1章　一般的注意事項

①Q　法廷通訳は，一般の通訳と比べてどのような特徴がありますか。

A　法廷でのやりとりのうち，証人尋問や被告人質問は，その結果得られた証言や供述が，裁判の証拠として，犯罪事実の認定や刑の量定の基礎になる特に重要なものですから，すべての発言を逐語訳で行う必要があるという特徴があります。例えば，証人が証言内容を発言直後に訂正した場合には，訂正後の内容だけでなく訂正前の内容についてもそのまま通訳してください。

　法廷での裁判官と検察官，弁護人とのやりとりについては，裁判長が必要な事項を要約することが多いと思われます。通訳すべき範囲を自分で判断するのではなく，裁判長の指示に従って通訳を行ってください。

②Q　通訳人として守らなければならないことは何ですか。

A 良心に従って誠実に通訳をしてください。通訳をするに当たって，そのことを宣誓していただくことになります。また，裁判は，偏りのない公正な手続で行う必要がありますから，通訳人も，通訳するに当たっては，立場上中立公正さを疑われるような行動をとってはいけません。もしも，被告人や証人と知り合いであるなどの事情がある場合には，直ちに裁判所に申し出てください。

　また，被告人又はその関係者に対しては，自分の氏名，住所，電話番号を教えないようにし，個人的に接触する機会を与えないでください。一緒に飲食をしたり，贈物を受け取るなどの行為は絶対にしないでください。

　さらに，裁判の過程で知った事件に関する事項については，絶対に他に漏らさないでください。裁判所や検察官，弁護人から事前に送付を受けた書面については，その保管に注意するとともに，他人の目に触れることのないよう注意してください。

③Q　証人や被告人の発言を逐語訳したり，法廷でのやりとりを記憶しておくのは，大変なことだと思いますが，法廷に立ち会う際，どのような準備，工夫をすればよいですか。

A　法廷に立ち会う際には，自分の記憶だけに頼るのではなく，メモを取っておくことが不可欠です。メモを

取る際には，自分の理解しやすい記号や略語を用いたり，訴訟関係人の発言の順序などについて図式化して記録するなど，適宜工夫をするとよいでしょう。

また，日ごろから，メモ取りをはじめとする様々なトレーニングを行い，通訳スキルの更なる向上を心がけておくことも重要です。

第2章　勾留質問手続

逮捕された被疑者を引き続き留置しようとする場合，検察官は裁判官に対して勾留請求を行います。裁判官は資料を検討し，被疑事実に関する被疑者の言い分を聞いた上で，勾留するかどうか決めることになります。この言い分を聞く手続が勾留質問です。勾留質問は，裁判所の勾留質問室で行われます。被疑者が日本語を理解できない場合には，通訳人を介してこの手続を行うことになります。

Q　通訳人の人定尋問の際，被疑者に通訳人の氏名や住所を知られることはありませんか。被疑者に氏名や住所等を知られたくない場合には，どうしたらよいですか。

A　裁判所では，通訳人の氏名，住所などの個人情報について，慎重に取り扱うよう配慮しています。

勾留質問手続においては，裁判官は，通訳人の人定尋問の際，あらかじめ人定事項を記載した書面をもとに「このとおりですね。」などと確認する形で人定尋問を行うのが一般的です。

念のため事前に裁判所書記官（以下「書記官」といいます。）に対してそのような希望を申し出てください。

第3章　起訴後第1回公判期日前まで

第1節　起訴

　　刑事裁判は，検察官が裁判所に対して裁判を求めることによって開始されます。これを起訴又は公訴の提起といい，具体的には，検察官が，起訴状を裁判所に提出して行います。起訴状には，被告人の氏名，生年月日，住居など被告人を特定する事項，公訴事実，罪名及び罰条が記載されています。

　　起訴があると，それまで被疑者に対する被疑事件であったものが被告人に対する被告事件となって，裁判所で審理される状態になります。

第2節　起訴状概要の翻訳文の送付

1　趣旨

　　裁判所では，起訴があった場合，起訴状の概要を被告人の理解できる言語に翻訳した上，第1回公判期日前のできるだけ早い時期にその翻訳文を被告人に送付するという取扱いを行っています。これは，日本語を理解しない被告人に早期に起訴状の内容を理解させて，被告人の防御権を実質的に保障するとともに，公判審理の充実を図ろうとするものです。

2　実施の方法

　　起訴状概要の翻訳文を送付する運用を円滑に実施するため，典型的な公訴事実の要旨を翻訳した文例集が作成され，それ

ぞれの地方裁判所に用意されています。

　裁判所は，翻訳文を送付する際には，通訳人予定者等に，日本語で作成した起訴状記載の公訴事実の要旨，罪名及び罰条について翻訳を依頼し，翻訳文を作成してもらうこともあります。その際，先に述べた翻訳文例の翻訳例を参考にしていただくとよいと思います。出来上がった翻訳文は，裁判所から被告人に送付しています。

　1に記載した趣旨から，翻訳文の作成を依頼された場合には，速やかに翻訳文を作成して提出してください。

　なお，この翻訳料は，通訳人に対する通訳料とは別に，翻訳内容に応じて支給されます。

Q　裁判所から翻訳の依頼があった場合に留意する事項は何ですか。

A　書記官から，翻訳言語，提出期限などを示してお願いしますので，特に提出期限に留意してください。また，担当の書記官の氏名や連絡先を聞いておくと，疑問点が生じた場合に照会するのに便利です。

第3節　法廷通訳の依頼

　要通訳事件では，適格な通訳人を選任することが極めて重要ですが，適格な通訳人であるためには，十分な語学力を有するとともに，中立公正であることが必要です。

　この点，捜査段階で付された通訳人を法廷における通訳人として選任することについては，裁判の公正に対する無

用の疑念を生じさせたり，捜査段階の通訳人の面前では，取調べ時に供述したことに心理的に影響されて，被告人が公判廷で自由に言い分を言えないおそれも考えられることから，法廷通訳には，できる限り捜査段階の通訳人と別の通訳人を選任することが望ましいと考えています。実際にも特段の事情のある場合を除き，別の通訳人を選任する運用がされています。

①Q　裁判所から通訳の依頼があった場合に確認しておく事項は何ですか。

A　①裁判所名，②担当裁判部と書記官の氏名，③電話番号，④通訳言語，⑤事件名，⑥被告人の氏名，⑦公判期日，⑧公判の予定所要時間，⑨弁護人が決まっていればその氏名と連絡先，⑩弁護人の国選，私選の別，⑪公判前整理手続や，即決裁判手続による審理が予定されているか，⑫裁判員の参加する裁判（以下「裁判員裁判」といいます。）であるかどうかなどを確認しておくとよいと思います。また，被告人が複数になると公判時間が長くなるとともに別々の日時に接見に同行することになるため，時間を要することに留意してください。

②Q　捜査段階で通訳した事件について法廷通訳を依頼された場合にはどうしたらよいですか。また，捜査段階で共犯者の通訳を行っている場合はどうですか。

A 裁判所は，捜査段階でどのような通訳人が付いたの
かを知らないのが通常です。したがって，まずその旨
を書記官に伝えてください。そのような場合には基本
的には他の通訳人に依頼することになりますが，他に
適格な通訳人の確保が困難な場合には通訳を再度依頼
することもあります。その場合には御協力をお願いし
ます。なお，共犯者の通訳の場合も基本的には同様で
す。

第4節　公判前整理手続

　　公判前整理手続とは，充実した公判審理を集中的・連日
的に行うことを目的として，裁判所が，検察官及び弁護人
の出席のもとで行う非公開の手続をいいます（事案によっ
ては，検察官及び弁護人が出席せず，書面のやりとりによ
って行うこともあります。）。

　　公判前整理手続は，裁判員対象事件では必ず実施されま
すし，それ以外の事件では，裁判所が，充実した審理を集
中的・連日的に行うために必要であると認めた場合に実施
されます。そこでは，①事件の争点は何なのか，②公判に
おいて，どの証拠を，どういった順序で取り調べるのか，
③公判期日をいつ行い，その期日での具体的な進行はどう
するのかなどといったことが決められます。

　　公判前整理手続においては，被告人は，裁判所が特に出
頭を求めない限り，その期日に出頭する義務はありません。
したがって，被告人が期日への出頭を希望せず，裁判所で

も特に出頭を求めない場合には，被告人不出頭のままで行われます。

①Q　公判前整理手続で通訳を行うことはありますか。

　A　公判前整理手続期日に日本語を理解しない被告人が出頭する場合には，そこで行われた手続について通訳を行うことになります。なお，被告人が出頭しない公判前整理手続期日について通訳を依頼することはありませんが，期日直前になって被告人が出頭することになった場合には，急に通訳を依頼することもありますので，その場合には御協力をお願いします。

②Q　公判前整理手続では，公判審理に比べて，通訳はかなり困難なものになるのではないですか。

　A　公判審理に比べて，難しい手続が行われるわけではありませんが，事案によっては，裁判所と当事者との間で，専門的な法律用語を用いた細かいやりとりがされることもあります。裁判所としても，当事者間のやりとりをある程度裁判官の方で要約した上で通訳をお願いしたり，なるべく通訳しやすいやりとりとなるよう配慮したりしますが，もし，通訳しにくいと感じた場合には，裁判官にその旨伝えてください。また，通訳のやり方について，あらかじめ裁判所と相談しておくことも考えられます。

③Q　公判前整理手続が実施された事件の審理について，通常の事件と異なる点はありますか。

　A　公判前整理手続が実施された事件では，その後の公判期日において，検察官の冒頭陳述の終了後，弁護人の冒頭陳述（弁護側の主張があるとき）及び公判前整理手続の結果を明らかにする手続（64ページの参考例参照）が行われます。

　　また，証拠申請やこれに対する意見の聴取，証拠を取り調べるかどうかなどに関する裁判所の決定は，通常，公判前整理手続で既に行われているため，冒頭陳述や結果顕出の手続が終了した後は，引き続き証拠の取調べが行われます。

第5節　第1回公判期日の指定

　裁判所が公判の期日を指定する際には，あらかじめ通訳人との間で日程の調整を行った上で期日の指定を行っています。

　また，弁護人は，第1回公判期日前（公判前整理手続期日が開かれる場合には，その第1回期日前）に被告人と接見し，日本の刑事裁判手続や起訴状の内容等を説明するとともに，事件について打合せをする必要がありますので，裁判所は，それらに要する日数にも配慮して期日を指定しています。

Q　期日の打合せをする上で留意すべき事項は何ですか。

A 公判後に予定を入れている場合等で時間に制約がある
ときには，「何時から次の予定が入っていますから，何
時までしかできません。」というふうに，具体的に書記
官に伝えてください。また，その期日については通訳を
することが可能な場合でも，その期日の直後から旅行に
出かけるとか，他の仕事の関係などでしばらく法廷通訳
を引き受けられない場合には，「いつからいつまでは引
き受けられません。」ということを，事件の依頼があっ
た際にはっきり伝えてください。

第6節 裁判所と通訳人との連絡及び通訳人の事前準備

通訳人として選任されることが決まった場合には，書記
官から，第1回公判期日の通知（公判前整理手続期日に被
告人が出頭する場合には，その期日の通知）がされるとと
もに，当該期日に在廷してほしいという依頼があります。
また，法廷通訳の準備のために，起訴状写しを郵便等で送
付します（公判前整理手続の場合には，当事者から提出さ
れた書面が送付される場合もあります。）。裁判所によって
は，起訴状写しなどとともに，裁判部（裁判官名），書記官
名，裁判部の電話番号，被告人の勾留場所，裁判所の近辺
の地図等の必要事項を記載した事務連絡文書を送付するこ
ともあります。

なお，第1回公判期日前には，通訳人の準備のために検
察官が作成した冒頭陳述書又は冒頭陳述メモ，書証の朗読
（要旨の告知）のためのメモ（結審予定の場合には，さらに

検察官作成の論告要旨，弁護人作成の弁論要旨）が交付されるのが一般的です。

①Q　法廷通訳の経験のない通訳人の場合，事前の準備としてどのようなことが考えられますか。

A　事前に他の事件の法廷傍聴をしておくこと，法廷通訳ハンドブックを読むなどして勉強しておくこと，刑事裁判手続を分かりやすく説明した外国人事件用ビデオを裁判所で見せてもらうこと，裁判官又は書記官から手続の説明を受ける機会があればそれも活用することなどにより，刑事裁判手続の流れや法律用語などについて勉強しておくのがよいでしょう。また，冒頭陳述書等をできるだけ早く入手できるように，書記官から検察官や弁護人に伝えてもらうとよいでしょう。さらに，法廷に立ち会う際には，メモ取りの準備をしておくことが不可欠ですし，日ごろから通訳スキルを磨くための様々なトレーニングをしておくことも重要です（第1編第1章③Q＆A（2ページ）参照）。

②Q　通訳の準備のために，検察庁に事件の記録を見に行くことはできますか。

A　公判前の段階では，事件に関する書類は非公開とされていますから，一般的には見ることはできません。

③Q　どのような書面が事前に通訳人に交付されています

か。

　A　事件によって異なりますが，一般的には，冒頭陳述
　　書又は冒頭陳述メモ，書証の朗読（要旨の告知）のた
　　めのメモ，論告要旨，弁論要旨が交付されています。

　　　なお，このように通訳人には準備のため訴訟に関す
　　る書面が交付されますが，これらの書面は一切他に見
　　せてはいけません。

④Q　事前に交付された書面によく分からない点がある場
　　合にはどうしたらよいですか。

　A　書面を作成した検察官，弁護人に確認することが望
　　ましいと思われます。一般的な法律用語の意味の確認
　　程度であれば，とりあえず書記官に確認するというこ
　　とでもよいでしょう。

　　　なお，法廷で提出される前の段階では，このような
　　書面は，裁判所の手元にはないことを承知しておいて
　　ください。

第7節　弁護人の接見への同行

　　外国人被告人の場合，日本の裁判制度に対する知識がほ
とんどないことが原因で不安に陥ることが少なくありませ
ん。弁護人はその職務として，起訴後できるだけ早い時期
に被告人と接見し，起訴状の内容を説明して言い分を聴く
とともに，日本の裁判制度等についても十分に説明するこ
とが求められています。

そこで，国選弁護事件においては，裁判所では弁護人に対して，あらかじめ通訳人予定者の氏名，電話番号等を通知し，弁護人が希望すれば通訳人予定者を接見に同行できるように配慮することにしています。

　また，一定の事件については，起訴される前の段階で，被疑者の請求により国選弁護人が選任されることがあります。この場合には，国選弁護人や国選弁護人の候補者の指名等に関する業務を行う日本司法支援センター（法テラス）から，接見への同行を依頼されることがあります。

　したがって，裁判所や国選弁護人等からそのような依頼があれば，御協力をお願いします。

　なお，国選弁護事件において，弁護人の接見に通訳人が同行した場合には，弁護人から報酬や費用の支払を受けることができます。

①Q　弁護人の接見に同席した場合に留意すべき事項は何ですか。
　A　被告人から尋ねられても，絶対に自己の氏名や連絡先を教えてはいけません。被告人から理由を尋ねられた場合には，「教えてはいけないことになっています。」と答えてください。
　　また，弁護人にも通訳人の氏名等を被告人に対して紹介することのないよう話をしておくとよいでしょう。
　　さらに，接見の際に，被告人の話し方の癖等を把握しておくと，法廷通訳をする際に役立ちます。

②Q　接見の通訳をした際に，アクセントが強かったり，方言が交じっていたりして被告人の話す言葉が分かりづらかったり，逆に被告人が通訳人の通訳内容を理解していないと思われた場合には，どうしたらよいですか。

　A　弁護人にその旨を告げるとともに，書記官にもそのことを伝えてください。コミュニケーションがどの程度取れているのか，取りにくい原因は何かなどを考慮して，裁判官が，被告人にゆっくりあるいは繰り返し話すように促すことでまかなえるかどうか，又は通訳人の交替をしてもらうかなどの措置を検討することになります。

③Q　被告人が他の言語の通訳を希望している場合にはどうしたらよいですか。

　A　被告人の希望を書記官に伝えてください。同時に，そのままの言語でも意思疎通が可能である場合にはそのことを伝えるとともに，その程度などについても伝えてください。

④Q　被告人から，裁判の見通しについて尋ねられた場合にはどうすればよいですか。

　A　「通訳人はそのような質問に答えてはいけないことになっています。弁護人に相談してください。」と答えるべきです。勝手に見通しを告げることはしないで

ください。

⑤Q　被告人から，家族に手紙を渡してほしいとか，差し
　　入れをするように家族に頼んでほしいというようなこ
　　とを頼まれた場合にはどうしたらよいですか。
　A　「通訳人はそのようなことをしてはいけないことに
　　なっています。弁護人に相談してください。」と答え
　　るべきです。

⑥Q　弁護人から，被告人に差し入れをするよう被告人の
　　家族に頼んでほしいと依頼された場合にはどうしたら
　　よいでしょうか。
　A　自分で依頼の適否について判断するのではなく，
　　「裁判所に確認を取ってからでないとできませんの
　　で，裁判所に依頼の趣旨を伝え，確認を取ってくださ
　　い。」と言ってください。

⑦Q　被疑者段階での接見に同行した場合と，起訴後の接
　　見に同行した場合とで，留意すべき点に違いはありま
　　すか。
　A　基本的には，どちらの接見においても留意点に違い
　　はありません。
　　　ただし，被疑者段階では，事件はまだ裁判所におい
　　て審理すべき状態にあるわけではないので，裁判官や
　　書記官から具体的な指示を受けることはできません。

疑問点が生じた場合には，適宜弁護人に相談して，その指示を受けてください。

⑧Q　接見に同行した後に留意すべき事項がありますか。

A　被疑者や被告人には，接見交通権といって，立会人なくして弁護人と接見する権利が認められています。

そして，通訳人は特別に接見に同行することを許されているのですから，接見の際に交わされた被疑者又は被告人と弁護人とのやりとりを外部に漏らすようなことは，絶対に慎んでください。

このことは，裁判官や書記官に対してであっても同じです。

第4章　公判手続
第1節　法廷通訳一般

①Q　通訳をする際には，直接話法（・・・です。）の形で通訳をすべきでしょうか，間接話法（・・・だそうです。）の形で通訳をすべきでしょうか。

A　話者が話した内容で通訳すべきですから，直接話法の形で通訳してください。

②Q　被告人等が発言しない場合には，通訳人から発言するように促すべきでしょうか。

A　通訳人は法廷で自ら発言することは原則的にない

と心得ておいてください。特に被告人には，黙秘権がありますから，勝手に発言を促すようなことをしてはいけません。

③Q　連続して行う通訳時間について希望がある場合にはどうしたらよいですか。また，通訳中に休憩を取りたい場合にはどうしたらよいですか。

　A　裁判所としても，通訳人の負担を考慮して，通訳人が適切に休憩できるよう配慮していますので，要望があれば，事前に書記官に伝えてください。また，通訳人において公判手続中に休憩が必要となった場合には，その場で遠慮なく裁判官や書記官に伝えてください。

④Q　被告人から不信感を持たれているなどの問題があると感じた場合には，どうしたらよいですか。

　A　信頼関係に問題があると感じる場合には，書記官にそのことを伝えてください。不信感の背景には，例えば被告人が日本の裁判制度を誤解していることが原因になっていることもあります。その場合には，裁判官や弁護人から被告人に対し，日本の裁判制度について説明することになります。

⑤Q　法制度，習慣，文化の異なる被告人の通訳を行うに当たって，配慮すべき事項がありますか。

A　法制度や歴史的背景の違い等から，被告人が通訳人に対し敵対心を持つことや，逆に被告人の言おうとする本当の意味が分からないことがあると思われます。したがって，法廷通訳を行うに当たっては，語学的な面だけでなく，その国の文化や法制度等を理解するよう日ごろから努めてください。

⑥Q　被告人の陳述について，配慮すべきことがありますか。特に罪状認否についてはどうですか。

A　裁判所も留意していますが，被告人によっては，陳述の際，一度にたくさん話し出すことがありますので，法廷に入ったらすぐにメモの準備をしておくことなどが必要です。

　　特に罪状認否は重要な手続ですので，慎重に通訳をする必要があります。被告人がうなずいた場合にも安易に「はい。」と通訳をするようなことは避けてください。

⑦Q　被告人が，弁護人の接見の際と異なることを述べた場合にはどうすればよいですか。

A　証拠となるのは，公判廷での発言ですから，接見の際の内容にかかわらず忠実に通訳すべきです。この場合には，接見の際の被告人の発言に影響されるようなことがあってはいけません。

⑧Q　書面を事前に交付された場合には，どのようなことに留意したらよいですか。

　A　分からない法律用語，読めない地名，人名等がある場合には早めに尋ねておく必要があります。書証の要旨の告知のために証拠等関係カードが交付されている場合には，略語表（187ページ参照）で書証の表題を確認しておくとよいでしょう。

　　　ただ，事件の進行によっては，事前に交付された書面の内容が変更されることがありますので，柔軟に対応する必要があります。

第2節　開廷前の準備

　開廷前には，裁判官又は書記官と通訳人との間で，その期日に予定された手続を確認するとともに，必要な書類や送付した書類等が手元に届いているかどうか確認することもあります。この際に書類の中に分からない用語がある場合には，説明を求めるとよいでしょう。

　なお，通訳人には守秘義務がありますから，これらの書類の取扱いには細心の注意を払ってください。

①Q　開廷前に準備しておく必要のあるものは何ですか。

　A　早めに書記官室へ行って（直接法廷に行くように言われる場合もあります。），宣誓書の署名，出頭カードの記載，報酬関係の書類への記載をする必要があります。印鑑を持っている方は，このときに使いますの

で，印鑑を持参してください。

②Q　開廷前の時間はどのように過ごすとよいでしょうか。

　A　早めに法廷に行って，自分の座る位置を確認し，メモや起訴状等の書面を通訳する順序に重ねておくなどの準備をしておくと落ち着いて通訳できるでしょう。

　　　なお，開廷前に勝手に被告人や被告人の関係者と話をしないようにしてください。

第3節　公判廷での手続

1　通訳人の宣誓等

まず，裁判官が，通訳人が本人であるか否かを確認する手続（人定尋問）を行います。

続いて，宣誓していただきます。宣誓書を手に持って，声を出して読んでください。宣誓する場所については，裁判官の指示に従ってください。

Q　通訳人の宣誓の際に氏名や住所等を言いたくない場合にはどうすればよいですか。

A　勾留質問の際と同様，あらかじめ人定事項を記載した書面をもとに，裁判官が「このカードに記載されているとおりですね。」と尋ねるのが一般的です。

　　念のため，事前に書記官にその旨を伝えておいてください。

2 被告人に対する宣誓手続等についての説明

裁判官の指示に従って，被告人に対し，自分がこの裁判において裁判所から通訳を命じられたこと，そして誠実に通訳することを宣誓した旨を告げてください。

なお，これ以降は，着席のまま通訳していただいて差し支えありません。

3 被告人の人定質問

裁判官は，被告人に対して，証言台の前に進み出るよう命じ，氏名，生年月日，国籍，日本における住居及び職業等を尋ねます。

4 起訴状朗読

検察官が起訴状記載の公訴事実，罪名及び罰条を朗読します。

なお，性犯罪等の事件については，起訴状に記載されている被害者の氏名や住所などの被害者を特定させる事項を法廷において明らかにしない旨の決定（以下「被害者特定事項の秘匿決定」といいます。）がされることがあります。

また，被害者特定事項の秘匿決定がなされていなくても，被害者や年少者に対する配慮として特定事項を明らかにしない措置が行われることもあります。

これらの場合には，起訴状に記載されている被害者の氏名や住所等は明らかにされず，「被害者に対し」であるとか，「○○市内の被害者方において」などと朗読されますので，誤って被害者特定事項を通訳することのないよう注意してください。

①Q　起訴状につき，外国語に的確な訳語がない場合はどの
　　　ようにすればよいですか。

　　A　起訴状朗読では，起訴状に記載されている内容を忠実
　　　に通訳する必要がありますが，中にはぴったりと当ては
　　　まる訳語がない場合もあります。そのような場合には，
　　　説明を付加して訳さざるを得ないことになります。用語
　　　の意味内容について不安がある場合には，事前に書記官
　　　に相談してください。

②Q　被害者特定事項の秘匿決定がされた場合には，検察官
　　　が朗読したとおりに通訳すべきですか。それとも，起訴
　　　状に記載されている内容のとおり通訳すべきですか。

　　A　必ず検察官が朗読したとおりに通訳してください。被
　　　告人には，起訴状朗読後に起訴状及び起訴状概要の翻訳
　　　文が示されますので，朗読されなかった部分を通訳する
　　　必要はありません。

5　黙秘権の告知

　　裁判官が被告人に対し，黙秘権を告知します。

6　事件に対する被告人の陳述

　　裁判官が被告人に対し，公訴事実についての認否を尋ねま
す。

7　弁護人の意見

　　裁判官が，公訴事実について，弁護人に意見を求めます。
これが終わると，被告人は，裁判官の指示で着席します。

8 ワイヤレス通訳システムの利用

　ワイヤレス通訳システムとは，送信機を装着した通訳人が小声で通訳を行い，それを受信機のイヤホンを通じて被告人に伝える装置です。公判廷における日本語での発言のうち，事前に通訳人に書面が交付された手続部分について，日本語での発言に並行して，あらかじめ準備した通訳内容を伝える形で同時進行的な通訳ができるようにするものです。したがって，このシステムはいわゆる同時通訳とは異なるものです。

　これにより，手続を中断することなく，被告人に通訳内容を伝えることができることになるため，審理時間の短縮，ひいては通訳人の負担の軽減を図ることができます。

　このシステムは，法廷では次のように運用されています。

(1)　通訳人が送信機を，被告人が受信機を，それぞれ使用する。

(2)　冒頭陳述，書証の要旨の告知，論告，弁論などのように，検察官又は弁護人があらかじめ準備し，通訳人に交付してあった書面を法廷においてそのまま朗読する手続に使用し，起訴状朗読，証人尋問，被告人質問及び判決宣告には使用しない。

①Q　ワイヤレス通訳システムを利用する場合に，通訳人として留意すべき事項は何ですか。

　A　まず，事前に交付された書面の内容を通訳できるように十分に準備をしておく必要があります。

　　また，被告人がワイヤレス通訳システムの使用を拒

んでいるときは，その旨裁判所に伝えてください。

　　当該機器はささやくような声で話をしても被告人に
聞こえるようになっています。できる限り声を落とし
て通訳してください。

---

②Q　ワイヤレス通訳システムを使用する際には，検察官
や弁護人が書面を読む速度に合わせて該当部分を通訳
すべきですか。

　A　書面の内容を通訳するわけですから，検察官や弁護
人が書面を読む速度に合わせる必要はありません。む
しろ，被告人に書面の内容を理解させる速度で通訳を
することが重要です。

9　証拠調べ手続

(1)　冒頭陳述

　「この裁判で検察官が証拠により証明しようとする事実
は，以下のとおりである。」などと告げた後，検察官が冒頭
陳述を行います。

　なお，弁護側の主張があるときには，検察官の冒頭陳述
の後に弁護人の冒頭陳述が行われ，公判前整理手続が実施
された場合には，引き続き公判前整理手続の結果を明らか
にする手続が行われます（64ページの参考例参照）。この
場合，証拠申請等に関する以下の(2)から(4)の手続は，通常，
公判前整理手続の中で既に行われているため，この後は(5)
の証拠の取調べが行われることになります。

> Q　冒頭陳述は一括して通訳するのでしょうか，それとも一文ごとに区切って通訳するのでしょうか。
>
> A　ワイヤレス通訳システムを利用して一括して通訳する場合が多いと思われますが，書面が事前に交付されていないような場合には，一文ごとに通訳をすることもあります。

(2)　検察官からの証拠申請

　　通常，冒頭陳述に引き続いて検察官が「以上の事実を立証するため証拠等関係カード記載の証拠を申請します。」などと述べます。

(3)　検察官の証拠申請に対する弁護人の意見

　　検察官の証拠申請に対して，弁護人が同意，不同意などの意見を述べます。同意，不同意という言葉は通常の日本語の意味とは異なる意味を持つものですから，その意味をしっかりと理解しておく必要があります。

　　また，この際に具体的な事実を示して，信用性がないとか，違法収集証拠であるというような主張がされることもありますので，メモを取る準備をしておく必要があります。

(4)　裁判所の証拠採否（証拠を採用するか却下するか）の決定

　　弁護人の同意がない限り，原則として証拠書類については，証拠調べをすることはできません。裁判所は，弁護人が同意した証拠書類について，必要性や相当性を判断した上，証拠として取り調べることを決定します。弁護人が不

同意とした証拠については，それに代えて，証人尋問の請求がされることもあります。

(5) 採用された証拠の取調べ

　ア　証拠書類の内容の要旨の告知（又は朗読）

　　交付された証拠等関係カードのうち採用された証拠書類については，検察官が要旨の告知（又は朗読）をするので，その順に，その内容を通訳してください。

　イ　証拠物の展示

　　証拠物の取調べは，検察官が採用された証拠物を法廷で示すことによって行いますが，このとき被告人に対する質問をする場合があります。すなわち，被告人が，裁判官の指示により証言台に進み出た後，検察官は被告人に対し，「検察官請求証拠番号○○番の・・・・を示す。」と述べ，「あなたは，この・・・・に見覚えがありますか。これはあなたの物ですか。」などと質問します。

(6) 証人尋問

　ア　証人の宣誓及び虚偽の証言に対する注意

　　証人が宣誓した後，裁判官から証人に対して，虚偽の証言をすると偽証罪で処罰される旨の告知があります。

　イ　通訳の方法

　　(ア)　外国語を使用する証人の場合

　　　a　被告人と同じ言語の場合

　　　　日本語の尋問→通訳→証人の供述→通訳の順に行います。

b 被告人と異なる言語の場合（次の2通りがあります。）

(a) 日本語の尋問→証人に対する尋問の通訳→被告人のための尋問の通訳→証人の供述→日本語への通訳→被告人のための供述の通訳の順に行う方法

(b) 日本語の尋問→証人に対する尋問の通訳→証人の供述→日本語への通訳→被告人のための尋問と供述の通訳の順に行う方法

(a)の方法が原則ですが，この方法では，通訳の間に，証人が質問の内容を忘れてしまうことなどもありますので，これに代えて，(b)の方法を採ることもあります。

(イ) 日本語を使用する証人の場合（次の2通りがあります。）

a 日本語の尋問→通訳→証人の供述→通訳の順に行う方法

b 日本語の尋問→証人の供述→尋問と供述の通訳を行う方法

aの方法が原則ですが，前記(ア)bと同じ理由でbの方法を採ることも多いようです。

なお，情状証人の場合には，ある程度尋問と供述を続けた後，裁判官が通訳人に供述の要旨を告知し，まとめて通訳してもらうこともあります。

ウ 証人の不安や緊張等を緩和するための措置

犯罪によって被害を受けた方等が証人として証言する

場合，不安や緊張を緩和するため，次のような措置をとることが認められています。

㋐　証言をする際，家族等に付き添ってもらうことができます（付添い）。

㋑　証人と被告人や傍聴席との間につい立てなどを置き，被告人や傍聴席の視線を気にせず証言することができます（遮へい）。

㋒　事件によっては，法廷とテレビ回線で結ばれた別室で証言することもできます（ビデオリンク）。

　　なお，遮へいの措置をとった際に，被告人の様子が見えにくく，通訳をするに当たって支障がある場合には，裁判官に申し出てください。被告人の着席位置を変更したり，つい立ての位置を調整するなど，裁判官が適宜判断し，対処することになります。

エ　証人等特定事項の秘匿

　　証人，鑑定人，通訳人又は翻訳人に加害行為等がなされる恐れがある場合には，その氏名や住所などの特定事項（以下「証人等特定事項」という。）を被告人側に明らかにしない措置がされることがありますので，その場合には，誤って証人等特定事項を通訳することのないよう注意してください。

①Q　質問とそれに対する答えがちぐはぐになった場合には，答えをそのまま訳すべきですか，それとも，もう一度聞き直すべきですか。

A　ちぐはぐのまま通訳してください。気になるよう
　　なら裁判官に，「かみ合っていませんけれども通訳
　　としてはそのまま伝えます。」と告げるとよいでし
　　ょう。

②Q　質問の意味が不明瞭であったり，同音異義語でど
　　ちらの意味かはっきりしないような場合にはどうす
　　ればよいのですか。
A　裁判官の許可を得て確認すべきです。

③Q　証人の発言等について，重要でないと思われる部
　　分については通訳を省略してよいですか。
A　省略してはいけません。できる限り忠実に通訳し
　　てください。一部を省略したり内容をまとめたりす
　　ることはしないでください。

④Q　証人尋問の通訳を行う際には，どのような態度で
　　行えばよいですか。
A　証人に対して中立な立場で接し，その証言等に対
　　して，仮に不信や同情等を感じても，表情に出さな
　　いようにしてください。

⑤Q　証人があいまいな返事をしたり，証言をしている
　　途中で，言い直しをした場合には，どのように通訳
　　すべきですか。

A　そのまま通訳をすべきです。内容を明確にさせる
　ためや供述の矛盾を整理するため聞き直して供述を
　引き出したり，通訳人が勝手に解釈して断定的な通
　訳をしてはいけません。

⑥Q　証人の答えが長すぎて通訳しにくい場合には，ど
　うしたらよいですか。
　A　手を上げるなどして，裁判官に答えが長すぎて通
　訳しにくいことを伝えてください。そうすれば，裁
　判官が答えを一文ずつ区切って通訳するように指示
　したり，尋問者に対して問いを工夫してもらうよう
　指示するなど，適宜判断し，対応してくれます。

⑦Q　証言の内容が高度に専門的，技術的であるなどの
　理由により，そのまま通訳をすることに無理がある
　と感じた場合には，どうしたらよいですか。
　A　直ちにそのことを裁判官に告げてください。分か
　る部分だけを通訳するようなことは，しないでくだ
　さい。
　　可能であれば平易な内容に証言をし直してもらう
　などの措置を採ることになります。

⑧Q　証人との間で，アクセントや方言のためにコミュ
　ニケーションが取りづらいときには，どうしたらよ
　いですか。

A 直ちにそのことを裁判官に告げて，指示を待って
  ください。程度にもよりますが，ゆっくり証言させ
  たり，繰り返し証言することにより手当てができる
  のであれば，そのような方法を採ることになります。

⑨Q 通訳をする際には，発言者の表現を忠実に再現す
  るべきですか。
 A 発言者と同じ表現を使ってください。例えば丁寧
  語を用いるなどして表現方法を改めるようなことは
  しないでください。

⑩Q 証言の途中で，例えば大きさや高さや量を示すた
  めに，証人が身振り手振りをした場合には，身振り
  手振りも含めて通訳すべきですか。
 A 言葉だけを通訳すればよく，身振り等を繰り返す
  必要はありません。

⑪Q 答えが聞き取れないなどの理由により，答えを繰
  り返してほしいと思ったときはどうすべきですか。
 A 裁判官に，「聞き取れませんでしたので，証人に
  答えを繰り返すように頼んでもいいですか。」と断
  ってから頼んでください。

⑫Q 尋問に対して異議が出された場合には，どのよう
  にしたらよいですか。

A　異議に対する意見，判断などの一連のやりとりを
　　逐一通訳するのか，あるいは，やりとりが終わった
　　後に裁判官が通訳すべき範囲をまとめて，それに従
　　って通訳するのかなど，裁判官の指示に従って対応
　　してください。ただ，一連のやりとりは，メモに取
　　っておくとよいでしょう。

⑬Q　証言中の語句，言い回し等を理解できない場合や，
　　通訳できない場合にはどうしたらよいですか。
　A　証言の繰り返しや別の言葉での表現を頼んでよい
　　かについて裁判官の許可を得てください。

⑭Q　証人等が人数や性別がはっきりしない代名詞を使
　　った場合には，どうしたらよいですか。
　A　そのために完全な通訳ができないことを裁判官に
　　告げて，その部分をはっきりさせるように質問して
　　よいかどうかの許可を得てください。

⑮Q　質問者が名前や数字を間違って質問している場合
　　でもそのまま通訳すべきですか。
　A　そのまま通訳すべきです。誤りの指摘や訂正につ
　　いても裁判官や検察官，弁護人に任せてください。
　　　ただ，明らかに誤解に基づく場合で，だれも気が
　　付いていないと思われるときには，その旨を裁判官
　　に指摘してください。

⑯Q　通訳に関し，正確性について疑問がある旨の指摘
　　　を受けた場合にはどうしたらよいですか。

　A　裁判官の指示を待ってください。裁判官の許可が
　　　あるまで，正確性について自分の意見を述べるのは
　　　差し控えてください。通常，裁判官は，問題とされ
　　　た供述等を引き出す発問からやり直してもらい，あ
　　　るいは発問の仕方を変えて平易な表現でその点を聞
　　　き直させることにより処理する場合が多いと思われ
　　　ます。

⑰Q　質問や発言の中に寸法や重量，外国通貨の量が含
　　　まれている場合には，日本のそれらのものに換算す
　　　べきですか。

　A　自分で換算する必要はありません。換算は，基本
　　　的には裁判官，検察官又は弁護人が行います。
　　　　暦についても一度そのまま通訳してください。そ
　　　の後，換算に関するやりとりがあった場合にはそれ
　　　を通訳し，また，裁判官から西暦等に換算した上で
　　　通訳するように指示された場合には，それに従って
　　　ください。

⑱Q　図面を利用した尋問等の場合に，留意する事項は
　　　何ですか。

　A　被告人が「ここ。」とか「あそこ。」と発言した
　　　場合でもそのとおり通訳する必要があります。また，

複雑な尋問の場合には，書記官に頼んで図面の写しを準備してもらうとよいでしょう。

⑲Q　仲間うちでだけ用いられる特殊な用語が使用された場合には，通常の言葉に直して通訳すべきですか。

　A　そのまま通訳する必要があります。そして，必要があれば裁判官等が続けて質問しますので，それを待つべきです。

⑳Q　鑑定証人の尋問の場合に留意すべき事項は何ですか。

　A　難しい専門用語を通訳する必要がありますので，あらかじめ尋問の際に使用すると思われる用語については調べておく必要があります。また，尋問の中に理解できない言葉がある場合には，遠慮なく申し出てください。専門用語を調べる時間が必要な場合には，その旨申し出てもよいでしょう。

10　被告人質問

　被告人は，宣誓することはありません。なお，通訳は，日本語の質問→通訳→被告人の供述→通訳の順序で行うのが一般的です。

①Q　被告人が質問の内容を理解していないと思われる場合にはどうしたらよいですか。

A　通訳人の判断で被告人に説明したりせず，よく理解できていないということを裁判官に告げてください。

②Q　被告人が個人的に話しかけてきた場合にはどうすべきですか。

A　会話に応じないで，身振りなどで，会話はできないことを示してください。実際に話しかけられた場合は，その内容を裁判官に伝えてください。

11　論告

　検察官の事件に関する最終的な意見が述べられます。検察官から事前に「論告要旨」と題する書面（ただし，求刑部分を空欄としたもの）が交付されるのが一般的です。書面が交付されている場合には，検察官の意見陳述後に，この書面に基づいて通訳してください。また，この場合には，ワイヤレス通訳システムを利用することが多いと思われます。

　なお，被告人が求刑の意味を理解していない場合には，裁判官が補足説明をすることがあり，その場合には，それを通訳することになります。

Q　論告の際に留意する事項は何ですか。

A　求刑は，あくまでも検察官の意見ですが，判決を宣告されたと誤解する被告人も多いです。通訳人の方もこの点についてはよく理解しておいてください。

　なお，論告要旨が事前に交付される場合でも，求刑のと

ころは空欄になっている場合がほとんどです。したがって，求刑についてはその場で検察官が述べた内容を正確に聞き取り，通訳するようにしてください。聞き漏らした場合には，検察官に確認してください。

12　弁護人による弁論

　弁護人の事件に関する最終的な意見が述べられます。弁護人からあらかじめ「弁論要旨」又は「弁論メモ」と題する書面が通訳人に交付され，通訳はこれに基づいて行うのが一般的です。弁論要旨等を事前に交付してある場合には，ワイヤレス通訳システムを使用することが多いと思われます。

　弁護人が，弁論要旨等を事前に準備していないときは，弁護人は通訳できるよう適当な範囲で区切って弁論し，通訳人は順次通訳する運用になることが多いと思われます。

Q　ワイヤレス通訳システムを使用する論告・弁論の手続で，検察官が被告人の弁解内容に対応して，事前に交付した論告要旨の書面の内容を一部訂正，追加したり，弁護人が論告の内容に対応して弁論要旨の内容を同様に変更した場合にはどうしたらよいですか。

A　検察官又は弁護人が訂正，追加した部分を通訳人に指摘しますので，それに基づいて通訳することになります。

13　被告人の最終陳述

　裁判官が，被告人に対し，「これで審理を終えますが，最

後に何か言いたいことがありますか。」などと尋ねます。被告人は，証言台に進み出て陳述する場合がありますので，その内容を通訳してください。

14　次回期日の指定

裁判官が次回期日を指定しますので，その期日と，次回期日に何を行うかについて，裁判官の説明したことを通訳してください。被告人の最終陳述が終わっていれば，次回期日には判決が言い渡されることになります。

続行期日，判決宣告期日を指定する際には，通訳人と調整して期日を指定することになります。特に，継続して開廷する場合には，通訳人との関係で期日を一括指定することもありますから，自分の都合を何か月か先まで正確に把握しておく必要があります。

15　判決宣告の手続

判決宣告の手続については，法廷通訳参考例（84ページ）を参考にしてください。

判決書の内容は事前に外部に漏れると困りますので，当日までは見ることができません。ただ，判決を正確に通訳できるようにするため，通訳人用の判決要旨，判決写しを作成し，裁判所によっては，これを判決宣告期日の開廷10分ないし30分くらい前に通訳人に交付し，事前に目を通してもらうといった運用もされています。この場合に，判決要旨等を交付した後は書記官室から出ないようにしてもらっているようです。裁判所がどのような方法を採っているのかを確認するとよいでしょう。また，判決の要旨等がないと通訳に不安が

ある場合には，あらかじめ書記官にその旨を申し出るとよい
でしょう。

いずれにしても，判決宣告期日には少し余裕をもって裁判
所に行くとよいでしょう。

なお，判決宣告手続にはワイヤレス通訳システムは使用し
ない取扱いです。

---

①Q　判決宣告期日の公判に要する時間は，どれくらいを予
　　定しておけばよいですか。

　A　事件によって異なりますので，裁判官にどの程度時間
　　を取っておけばよいか確認してください。

　　　一般的には，被告人が否認している事件は，自白事件
　　よりも時間を要することになります。

　　　さらに，判決宣告期日に弁論を再開して証拠調べ等を
　　行うこともありますので，注意してください。

---

②Q　刑の全部の執行猶予，刑の一部の執行猶予の説明を通
　　訳する際に留意すべき事項は何ですか。

　A　刑の全部の執行猶予，刑の一部の執行猶予の説明は，
　　被告人には分かりにくい面がありますので，裁判官もで
　　きるだけ分かりやすい説明をするように心掛けていま
　　す（86ページの参考例参照）。それでも被告人が理解し
　　ていないと思われる場合には，裁判官にそのことを告げ
　　てください。

③Q　未決勾留日数の刑への算入の説明を通訳する際に留意
　　すべき事項は何ですか。

　A　未決勾留日数の刑への算入の説明も被告人には分かり
　　にくいようですので，裁判官は分かりやすい説明を心掛
　　けています（88ページの参考例参照）。通訳人におい
　　ても書記官に尋ねるなどして内容をよく理解しておいて
　　ください。

16　上訴期間等の告知

　　有罪の判決の場合には，裁判官は被告人に対して上訴期間
及び上訴申立書を差し出すべき裁判所を告知します。

17　即決裁判手続

　　即決裁判手続とは，争いのない明白軽微な一定の事件につい
て，検察官からの申立てにより，裁判所が決定に基づいて行
う手続です。この手続には，①起訴されてから公判期日まで
の期間が短いこと（できる限り，起訴後14日以内の日に公
判期日を指定することとされています。），②一般の公判手続
と比べ，簡略な方法で証拠調べが行われること，③原則として，
即日判決が言い渡され，その判決において懲役又は禁錮の言
渡しをする場合には，必ずその刑の執行が猶予されることな
どの特徴があります。

Q　即決裁判手続において留意すべき事項は何ですか。

A　通常の事件と比べ，起訴されてから公判期日までの期間
　　が短いことから，事案によっては，通訳の依頼が期日の直

近になることがあります。その場合には，御協力をお願い
します。

　また，公判期日において交わされるやりとりについて，
通常の手続とは一部異なる部分があります（76ページ
の参考例参照）。このほか，原則として即日判決が言い渡
されるため，判決宣告の通訳の準備をどうするのかを含め，
あらかじめ書記官等に手続の流れを確認しておくとよいと
思われます。

第4節　裁判員裁判

　裁判員裁判においては，一般の国民の中から選ばれた裁
判員が裁判官とともに審理に参加することから，その審理
は集中的・連日的に行われます。これを可能とするために，
すべての事件において必ず公判前整理手続が実施され，こ
の中で事前に争点や証拠の整理等が行われます。

　また，法廷での審理内容を裁判員にも分かりやすいもの
にするため，法廷内で使用される法律用語は，一般の人に
も分かるような言葉に言い換えられたり，冒頭陳述等にお
いてプレゼンテーションソフトが用いられる例もあります。
さらに，証拠調べにおいても，供述調書等は全文朗読又は
限りなくこれに近い要旨の告知の方法によって取り調べら
れているほか，証人に法廷で直接証言してもらうことも増
えています。なお，プレゼンテーションソフトが用いられ
る場合には，示された文書や画像などの内容をスムーズに
通訳することができるように，事前に裁判所や訴訟関係人

と打合せをしておくとよいでしょう。

---

①Q　連日的開廷が行われる場合，通訳人の負担はかなり
　重くなるのではないでしょうか。

　A　裁判員裁判における尋問は，従来よりも争点に即し
　た，簡にして要を得たものとなりますし，また，裁判
　員の疲労や負担にも配慮して，これまでよりも頻繁に，
　相応の時間の休憩が取られることになります。したが
　って，一概に通訳人の負担が重くなるということはあ
　りません。

---

②Q　裁判員裁判を担当するにあたり，事前に裁判所と打
　合せをしておく必要はありますか。

　A　連日的開廷により，肉体的，精神的疲労が蓄積して
　一人で通訳をすることが困難と予想される場合や，日
　程の都合がつかず，一部の期日に出頭できない場合な
　どには，事前に裁判所に申し出てください。審理中の
　休憩の取り方や，場合によっては，通訳人を複数選任
　することなどについて，裁判所が，通訳人の意向も考
　慮しつつ，個別に判断させていただくことになります。

---

③Q　公判期日までの準備事項で，これまでと異なる点は
　ありますか。

　A　裁判員裁判では，供述調書等は全文朗読又は限りな
　くこれに近い要旨の告知の方法によって取り調べられ

ることになります。その通訳の準備のため，あらかじ
め訴訟関係人から通訳人に資料が交付されることがあ
りますので，それを基に準備しておくとよいでしょう。
受け取った書類については，絶対に他人の目に触れる
ことのないよう細心の注意を払うようにしてください。

第5節　被害者参加

　　殺人，傷害，過失運転致死傷等の一定の刑事事件の被害
者や遺族の方等が，裁判所の許可を得て，被害者参加人と
して刑事裁判に参加し，検察官との間で密接なコミュニケ
ーションを保ちつつ，一定の要件の下で，公判期日に出席
するとともに，証人尋問，被告人質問及び事実又は法律の
適用についての意見の陳述を行うことができる制度です。

　　なお，被害者参加人が日本語に通じない場合にも，通訳
をお願いすることになります。

①Q　被害者参加人が発言するのは，具体的にはどのよう
　　な場面ですか。
　A　情状に関する証人の供述の証明力を争うために必要
　　な事項について証人を尋問する場面，被害者参加人が
　　意見を述べるため必要と認められる場合に被告人に質
　　問をする場面，事実又は法律の適用について意見を述
　　べる場面などがあげられます。なお，被害者参加人が
　　出席する際にも，付添い，遮へいの措置が認められて
　　います（28ページ9（6）証人尋問ウ(ア)(イ)参照）。

②Q　被害者参加人が意見陳述を行う場合，どのように通
　　訳をすればよいですか。

　A　一文ずつ区切って通訳を行うか，陳述後にまとめて
　　通訳を行うかなど，通訳の方法については，あらかじ
　　め裁判所と相談しておくとよいでしょう。なお，意見
　　陳述が長くなる場合には，被害者参加人が事前に準備
　　していた読み上げ書面に基づいて通訳をしていただく
　　場合もあります。

③Q　被告人から，どうして被害者等が法廷に立ち会って
　　いるのかと尋ねられた場合，どのように対応すればい
　　いですか。

　A　そのような場合には，通訳人の判断で被告人に説明
　　したりせず，裁判官に対してその旨を伝え，指示に従っ
　　てください。

第5章　その他の留意事項

①Q　判決宣告直後に，弁護人から，被告人に判決の内容
　　やその後の手続について説明をするための通訳を依頼
　　された場合はどうしたらよいですか。

　A　そのような説明が必要となる場合もありますので，
　　依頼された場合にはよろしくお願いします。

②Q　弁護人以外の者から，被告人と接見等をする際の通

訳を依頼された場合にはどうしたらよいですか。

A　公正さに疑いを持たれる行為ですから，断ってください。

③Q　弁護人から上申書等の翻訳を依頼された場合にはどうしたらよいですか。また，その場合の報酬はどのようになりますか。

A　弁護活動を行う際に使用される一定の書面について，国選弁護人からの依頼に基づいて翻訳を行った場合には，弁護人から報酬の支払を受けることができます。依頼を引き受けるに当たっては，事前に報酬等について弁護人から説明を受けておくとよいでしょう。

④Q　通訳費用の負担について被告人から尋ねられたらどうしたらよいですか。

A　弁護人に尋ねるよう告げてください。ちなみに通訳にかかった費用については，裁判実務では被告人に負担させない運用が定着しています。

⑤Q　判決宣告により終了した事件の関係書類はどうしたらよいですか。

A　まず，判決要旨は，宣告後すぐに裁判所に返還してください。その他の書類については，裁判所から返還を求められなければ，処分して差し支えありませんが，書類が他人の目に触れないように，処分方法には十分に注意してください。

第2編

控訴審における刑事手続の概要

第2編　控訴審における刑事手続の概要

第1章　控訴審とは

1　上訴制度

　　上訴とは，未確定の裁判に対して，上級裁判所の審判による救済を求める不服申立ての制度です。

　　第一審の判決に不服がある場合には，訴訟当事者は，事実誤認，訴訟手続の法令違反，法令適用の誤り，量刑不当などを理由として，高等裁判所に対して上訴（控訴といいます。）することができます。控訴審の裁判所は，第一審が地方裁判所又は簡易裁判所のいかんにかかわらず高等裁判所です。控訴審では合議体で裁判を行います。

　　控訴審の判決に不服がある場合には，最高裁判所に上訴（上告といいます。）することができます。

2　控訴審の役割

　　控訴審では，申立人の指摘する控訴理由を中心に，第一審判決の当否を審査することが直接の目的とされます。審理の結果，第一審判決を維持すべきであれば控訴棄却，第一審判決を取り消す必要があれば原判決破棄となります。原判決破棄の場合には，第一審裁判所に事件を差し戻し，又は移送するときと，控訴審の裁判所が自ら事件について判決をし直すときとがあります。

第2章　控訴の申立て等

1　控訴の提起期間

控訴の申立てのできる期間は，14日以内と規定されています。この期間は，第一審判決の宣告のあった日の翌日から起算されます。

2　申立ての方式

第一審の判決（原判決ともいいます。）に対して控訴する場合には，当事者は控訴申立書を第一審の裁判所（原裁判所ともいいます。）に提出して行います。

控訴の申立てがあったとき，第一審裁判所は，速やかに訴訟記録及び証拠物を控訴裁判所に送付します。

3　上訴の放棄

上訴の放棄とは，上訴の提起期間満了前に，上訴する権利を放棄することですが，死刑，無期懲役及び無期禁錮のような重大な刑に処せられた判決に対しては上訴を放棄することはできません。

なお，上訴を放棄した者は，上訴の提起期間内であっても更に上訴を提起することはできません。

4　上訴の取下げ

上訴の取下げは，上訴審の判決があるまですることができます。

なお，上訴を取り下げた者は，上訴の提起期間内であっても更に上訴を提起することはできません。

第3章　控訴審の手続

第1節　控訴審の第1回公判期日までの手続

1　弁護人選任に関する手続

弁護人は審級ごとに選任しなければなりません。したがっ
て，第一審において弁護人を選任していた場合であっても，
控訴を申し立てた被告人は，控訴審でも弁護人を選任しよう
とする場合には，改めて裁判所に弁護人選任書を提出しなけ
ればなりません。裁判所の行う弁護人選任照会，国選弁護人
選任の手続等については第一審の場合と同様です。照会書に
ついては，高等裁判所の依頼に基づいて，第一審裁判所にお
いて送付するという取扱いが実務においてされています。

2　通訳人の選任に関する手続

　　通訳人の選任については，第一審の場合と同様です。

3　被告人の移送

　　控訴審において，被告人が勾留されている事件の公判期日
を指定するときは，その旨を検察官に通知しなければなりま
せん。通知を受けた検察官は，被告人の身柄を，速やかに控
訴審裁判所の所在地にある拘置所に移送します。

　　これは，被告人が控訴審の公判に備えて，弁護人との打合
せ等の準備をしたり，自ら公判廷に出頭したりする際の便宜
等のためです。

4　控訴趣意書の提出

　　控訴趣意書とは，控訴の申立てをした者が控訴審に対して
自己の主張である控訴理由を簡潔に指摘した書面です。控訴
趣意書は，被告人自身で書いて差し出すことも法律上はでき
ますが，通常は，弁護人が被告人のために作成して差し出し
ています。

　　なお，控訴の申立ての理由は，控訴趣意書に記載すればよ

く，必ずしも控訴申立書に記載する必要はありません。

　控訴審裁判所は，控訴趣意書を受け取ったときは，速やか
にその謄本を相手方に送達しなければなりません。

＊控訴理由の限定

　　控訴の理由は，刑訴法に定められており，それ以外の
事由を控訴理由とすることはできません。控訴の理由と
しては量刑不当が最も多く，事実誤認がこれに次ぎ，訴
訟手続の法令違反，法令の適用の誤りもよく見られます。

＊控訴趣意書差出最終日の指定

　　裁判所は，控訴趣意書につき，期間を定めて提出を促
します。その期間は，控訴趣意書差出最終日指定通知書
を控訴申立人に送付することによって通知します。

5　答弁書の提出

　答弁書は，控訴趣意書に対する相手方の意見を記載したも
ので，書面により控訴審裁判所に差し出すものです。

6　第 1 回公判期日の指定と被告人の召喚

　控訴審においては，被告人は，裁判所が特に出頭を命じた
場合以外は公判期日に出頭する義務はありません。しかし，
公判期日に出頭し，自ら防御権を行使する権利は保障する必
要がありますので，期日が指定されたときは，実務上，被告
人に対して公判期日召喚状による召喚の手続がとられていま
す。実際にも，被告人が出頭するケースが圧倒的に多いとさ
れています。

＊被告人に対する出頭命令

　　裁判所は，５０万円以下の罰金又は科料に当たる事件

以外の事件について，被告人の出頭がその権利の保護のため重要であると認めるときは，被告人の出頭を命ずることができます。この出頭命令があると，被告人は，公判期日に出頭する義務が課せられることになります。

第2節　控訴審における公判審理

1　概要

控訴審の公判審理は，まず第1回公判期日で，控訴を申し立てた当事者から控訴趣意書に基づく弁論がなされ，これに対する相手方の答弁があります。必要がある場合は請求又は職権により事実の取調べが実施されます。

事実の取調べが終了すると，当事者の請求により事実の取調べの結果に基づき弁論をすることができます。

弁論が終結されると，判決宣告期日が指定されて，その期日に判決が宣告されます。

＊被告人の弁論能力の制限

裁判所が被告人質問を採用したときには，被告人は訴訟関係人の質問に対して任意の供述はできますが，弁論をすることはできないとされています。したがって，被告人のためにする弁論は，弁護人でなければこれをすることができません。

2　公判期日の手続の流れ

(1)　通訳人の人定尋問と宣誓

第一審と同様の手続で行われます。

(2)　被告人の人定質問

控訴審では，人定質問は必要的なものではなく，出頭し

た場合でも適宜の方法で人違いでないことを調べれば足りるとされています。実務では，被告人が出頭したときは，人定質問がなされるのが通例です。なお，控訴審でも「被告人」と呼ばれることは第一審と同じです。

人定質問がされる場合は，第一審と同様に，裁判長が被告人に対し，氏名，生年月日，国籍，日本における住居及び職業等を尋ねます。

＊黙秘権の告知

控訴審では，黙秘権の告知は必要的ではありませんが，行われることもあります。また，事実の取調べとして被告人質問をする場合に，その実施前に告知することもあります。

(3) 控訴趣意書に基づく弁論

検察官及び弁護人は，控訴趣意書に基づいて弁論しなければならないとされています。控訴趣意書に記載した事項を基礎としてそれに関連する事項を説明したりすることや，控訴趣意書の範囲内であれば，期間経過後に提出された控訴趣意補充書あるいは控訴趣意補正書等に基づく弁論をすることも許されているのが実務の取扱いです。控訴趣意書の範囲を逸脱したり，趣意書に記載のない新しい主張を付加したりすることは許されません。

被告人側が控訴を申し立てた場合に，被告人が自ら控訴趣意書を書いて提出することがありますが，被告人には弁論能力がありませんので，弁護人がその判断で被告人提出の控訴趣意書をも含めて弁論をすることになります。

控訴趣意書に基づく弁論は，弁護人と被告人との間の打合せにより被告人に控訴趣意書の内容があらかじめ伝わっている場合には，「控訴趣意書記載のとおり」として行われることがほとんどです。被告人に内容が伝わっていない場合などは，弁護人が必要に応じて控訴趣意書の内容を要約したり，自ら要旨を作成して，それに基づき述べたりします。

(4)　控訴趣意書に対する相手方の意見（答弁）

　　控訴の申立ての相手方は，答弁書に基づき，又は答弁書の提出がないときは口頭で，控訴申立人の控訴趣意書の内容に反論する弁論をします。

　　被告人控訴の場合に，事前に検察官から答弁書が提出されている場合には，「答弁書記載のとおり」として答弁することがほとんどです。答弁書が提出されていない場合には，検察官が口頭で「本件控訴は理由がないので，棄却されるべきである。」などと答弁することになります。

(5)　事実の取調べ

　　控訴審の審査は，控訴理由の有無の調査という形で行われますが，事実の取調べはその調査の一方法です。控訴趣意書に包含された事項についての調査は，義務的に行われますが，事実の取調べはその調査に必要な場合に制限されています。

　　事実の取調べとしては，第一審における証拠調べの方法にのっとり，証人尋問，検証，鑑定，被告人質問あるいは書証の取調べなどが行われることになります。

このほか，審理の過程で訴因等が変更される場合もあります。

(6) 事実の取調べの結果に基づく弁論

事実の取調べをしたときは，検察官及び弁護人は，その結果に基づいた弁論をすることができますが，任意的なものです。そして，この弁論は，事実の取調べの結果，控訴理由の存否につき意見をふえんする必要がある場合にその点に限って認められるものです。したがって，事件全般についての意見を陳述する第一審のいわゆる論告や弁論とは性質を異にします。

なお，被告人には弁論能力がないので，事実の取調べの結果に基づく弁論を認めず，その最終陳述も認めない扱いが実務の大勢です。

(7) 次回公判期日の指定・告知

3 判決宣告期日

判決宣告・上訴期間等の告知

(判決主文例については98ページ，判決理由の例については120ページ参照)

＊被告人の収容

第一審判決で禁錮以上の刑の言渡しがされている場合に，控訴棄却の判決があると，保釈又は勾留の執行停止はその効力を失い，新たな保釈又は執行停止がない限り，被告人の身柄については，収容の手続がとられることになります。ただし，控訴審では直ちに収容の手続をとらないのが通例です。

第３編

法廷通訳参考例

第3編　法廷通訳参考例

　ここでは，刑事裁判における具体的なやりとりの例を取り上げ，通訳の参考例を対訳の形で収録しています。第1編，第2編の刑事裁判手続の説明と合わせて活用してください。

概要目次
 មាតិការៀង

第1章 勾留質問手続

1 前置き

（裁） 私は，〇〇地方裁判所の裁判官です。検察官から勾留請求といって，引き続いてあなたを留置してほしいという請求がありました。そこで，これからあなたを勾留するかどうかを判断する前提として，あなたに対して被疑事実を告げ，それに関するあなたの陳述を聴くことにします。その前にいくつかの注意及び説明をします。

2 黙秘権の告知

（裁） まず第一に，あなたには黙秘権があります。私の質問に対し，始めから終わりまで黙っていてもいいし，個々の質問に対して答えを拒むこともできます。答えないからといって，それだけで不利益な扱いを受けることはありません。

3 弁護人選任権の告知

（裁） 第二に，あなたは自分の費用で弁護人を選任する権利があります。弁護人を選任したいときには，特定の弁護士や弁護士法人，弁護士会を指定して申し出ることができます。申出をする場合は，この場で申し出ることもできますし，留置施設に申し出ることもできます。

（被疑者国選弁護人選任請求が行える場合）

　あなたが経済的な理由などで自分の費用で弁護人を

ជំពូកទី១ នីតិវិធីយុំខ្លួននិងសាកសួរ

១ សេចក្ដីផ្ដើម

(ចៅក្រម) ខ្ញុំជាចៅក្រមសាលាដំបូង ○ ○ ។ ព្រះរាជអាជ្ញាបានដាក់ពាក្យសុំមក
តុលាការឱ្យយុំខ្លួនអ្នកបន្តទៀត។ ដូច្នេះ ដើម្បីធ្វើសេចក្ដីសម្រេចថា ត្រូវយុំខ្លួន
អ្នកបន្តទៀត ឬទេ ខ្ញុំសូមប្រាប់អំពីអង្គហេតុដែលអ្នកត្រូវជាប់ចោទ ហើយ
ស្ដាប់សេចក្ដីថ្លែងការណ៍ពីអ្នក។ ជាបឋម ខ្ញុំសូមជម្រាបជូននូវចំណុចខ្លះៗ
ដែលត្រូវប្រយ័ត្ន និងសូមពន្យល់ខ្លះៗ។

២ សេចក្ដីប្រកាសអំពីសិទ្ធិនៅស្ងៀមមិនឆ្លើយ

(ចៅក្រម) ទីមួយគឺ អ្នកមានសិទ្ធិនៅស្ងៀមមិនឆ្លើយ។ ចំពោះអ្វីៗដែលខ្ញុំនឹងសួរ
អ្នកអាចនៅស្ងៀមមិនឆ្លើយពីដើមដល់ចប់ក៏បាន ឬអាចមិនឆ្លើយចំពោះ
សំណួរណាមួយក្នុងនោះក៏បានដែរ។ គេមិនចាត់ចែងធ្វើឱ្យអ្នកបាត់បង់ផល
ប្រយោជន៍អ្វីឡើយ ដោយគ្រាន់តែមិនឆ្លើយចំពោះសំណួរ។

៣ ការប្រកាសអំពីសិទ្ធិចាត់តាំងមេធាវី

(ចៅក្រម) ទីពីរគឺ អ្នកមានសិទ្ធិចាត់តាំងមេធាវីដោយបង់សោហ៊ុយផ្ទាល់ខ្លួនបាន។
ពេលចង់ចាត់តាំងមេធាវី អ្នកអាចស្នើសុំចាត់តាំងមេធាវី ឬនីតិបុគ្គលមេធាវី
ពិសេសណាមួយ ឬកំណត់គណៈមេធាវីណាមួយបាន។ ក្នុងករណីដែលចង់
ចាត់តាំង អ្នកអាចស្នើសុំនៅទីនេះក៏បាន ឬអាចស្នើសុំនៅទីកន្លែងយុំខ្លួនក៏
បាន។

(ករណីដែលអាចទាមទារការចាត់តាំងមេធាវីចាត់តាំងដោយរដ្ឋការពារជនជាប់
ចោទ)

ក្នុងករណីដែលអ្នកមានបញ្ហាសេដ្ឋកិច្ចជាដើម មិនអាចចាត់តាំងមេធាវី

選任することができないときは，裁判官に弁護人の選任を請求することができます。この請求をする場合には，資力申告書を提出しなければなりません。また，資力申告書の資力の合計額が50万円以上の場合には，あらかじめ，○○弁護士会に弁護人の選任の申出をしていなければなりません。

4　勾留の要件の説明

（裁）　あなたに，罪を犯したと疑うに足りる相当な理由があり，かつ，住居が不定であるか，証拠を隠滅したり逃亡したりすることを疑うに足りる相当な理由がある場合には，勾留されることになるかもしれません。

5　勾留の期間の説明

（裁）　勾留される期間は，原則として10日間です。しかし，場合によっては，10日たつ前に釈放されることもありますし，更に最大10日間勾留が延長されることもあります。

6　被疑事実の告知

（裁）　それでは，勾留請求の理由となっている犯罪事実を読むのでよく聞いてください。その後で，これに対して言いたいことがあったら述べてください。

　　「被疑者は，令和○○年10月10日午後6時50分ころ，○○市丸山町1番1号所在の株式会社甲百貨店（代表取締役甲野太郎）本店3階貴金属売場において，同社所有のダイヤモンド指輪1個（時価300万円相当）を自己の背広の内側ポケットに入れて窃取し

ដោយសារហ៊ុយខ្លួនឯងបានទេ អ្នកអាចទាមទារឱ្យទៅក្រមចាត់តាំងមេធាវី
បាន។ ក្នុងករណីដែលអ្នកចង់ទាមទារ ត្រូវដាក់លិខិតប្រកាសអំពីទ្រព្យរបស់
អ្នក។ ម្យ៉ាងទៀត បើសិនជាទ្រព្យសរុបដែលមានក្នុងសេចក្តីប្រកាសនោះមាន
ស្មើ ឬលើស៥០ម៉ឺនយ៉េន ត្រូវស្នើសុំទៅតុលាការ○ ○ ឱ្យចាត់តាំងមេធាវីជា
មុន។

4 **សេចក្តីពន្យល់អំពីលក្ខខណ្ឌនៃការយុំខ្លួន**

   (ទៅក្រម) ក្នុងករណីដែលមានមូលហេតុសមស្របគ្រប់គ្រាន់ដែលអាចសង្ស័យថា
   អ្នកបានប្រព្រឹត្តអំពើខុសច្បាប់ ហើយកុំមានលំនៅដ្ឋានច្បាស់លាស់ ឬមានមូល
   ហេតុសមស្របគ្រប់គ្រាន់ដែលអាចសង្ស័យថា អ្នកអាចបំបាត់ភស្តុតាង ឬគេច
   ខ្លួនរត់បាត់ អ្នកនឹងអាចត្រូវគេយុំខ្លួន។

5 **សេចក្តីពន្យល់អំពីកំឡុងពេលយុំខ្លួន**

   (ទៅក្រម) ជាគោលការណ៍ កំឡុងពេលយុំខ្លួនគឺ 10ថ្ងៃ។ កំប៉ុន្តែ មានករណីដែល
   នឹងត្រូវបានដោះលែងមុន 10ថ្ងៃក៍មាន ឬមានករណីដែលត្រូវបន្តការយុំខ្លួន
   យ៉ាងវែង 10ថ្ងៃថែមទៀតក៏មានដែរ។

6 **ការប្រកាសអំពីអង្គហេតុដែលត្រូវបានសង្ស័យ**

   (ទៅក្រម) បន្ទាប់ពីនេះ ខ្ញុំនឹងអានអង្គហេតុនៃអំពើខុសច្បាប់របស់អ្នក ដែលជា
   មូលហេតុនៃការទាមទារយុំខ្លួនអ្នក ដូច្នេះសូមស្ដាប់ឱ្យច្បាស់។ បន្ទាប់មក បើ
   សិនជាអ្នកមានអ្វីដែលចង់និយាយ សូមថ្លែងពេលនោះ។

   "នៅថ្ងៃទី10 ខែតុលាឆ្នាំរយរ៉ាំ○ ○ វេលាម៉ោង៦និង៥០នាទីល្ងាច ជន
   ជាប់ចោទបានលួចចិញ្ចៀនពេជ្រ1(តម្លៃទីផ្សារប្រហែល៣០០ម៉ឺនយ៉េន) ដាក់
   ក្នុងហោប៉ៅក្នុងនៃអាវធំរបស់ខ្លួន ពីកន្លែងលក់គ្រឿងអលង្ការនៅជាន់ទី3នៃ
   ក្រុមហ៊ុនសាជីវកម្មហាងទំនើបទីស្ថាក់ការកណ្ដាល (តំណាងនាយកប្រតិបត្តិ
   ក្លូណក្រ)ដែលមានអាសយដ្ឋាន1-1 Maruyama-cho,○ ○-shi"។

たものである。」

7 被疑事実に対する陳述

（裁）　・　事実はそのとおり間違いありません。

　　　　・　身に覚えがありません。

　　　　・　検察庁で述べたとおりです。

8 勾留通知先

（裁）　あなたが勾留されることになった場合には，裁判所から弁護人あてにその旨を通知します。弁護人がない場合には，国内にいるあなたの配偶者，親兄弟等のうち，あなたが指定する 1 人に通知します。また，弁護人もそのような家族もない場合には，雇主とか知人などのうちからあなたが指定する 1 人に通知します。通知先の氏名，住居，電話番号を述べてください。

（被）　日本にいる兄に連絡してください。

（裁）　住所と名前は。

（被）　名前は，Aです。私と同じところに住んでいます。

9 領事機関への通報

（裁）　あなたは，○○国国民として，領事関係に関するウィーン条約第36条第 1 項（ｂ）の規定により，勾留の事実を○○国領事官に通報することを要求しますか。

（被）　通報することを要求します。〈要求しません。〉

（裁）　なお，領事機関に対しては，我が国の法令に反しない限り，信書を発することができます。

10 読み聞け

7 សេចក្តីថ្លែងការណ៍ចំពោះអង្គហេតុដែលត្រូវបានសង្ស័យ

(ជនជាប់ចោទ) • អង្គហេតុទាំងនោះគ្រឹមគ្រូវទាំងអស់។

• ខ្ញុំមិនដឹងទេ។

• ជួចដែលបានថ្លែងការណ៍នៅអយ្យការ។

8 កន្លែងជួនដំណឹងស្តីពីការយុំខ្លួន

(ថៅក្រម) ក្នុងករណីដែលអ្នកត្រូវបានយុំខ្លួន គុលាការនឹងជួនដំណឹងនេះទៅ
មេជាវីអ្នក។ បើសិនជាគ្មានមេជាវីទេ គុលាការនឹងជួនដំណឹងទៅមនុស្សណា
ម្នាក់ដែលអ្នកបានកំណត់ ក្នុងចំណោមសហព័ទ្ធ ឪពុកម្តាយ ឬបងប្អូនអ្នកជា
អាទិ៍ ដែលរស់នៅក្នុងប្រទេសជប៉ុន ម្យ៉ាងទៀត បើសិនជាពុំមានមេជាវី ឬ
គ្រួសារបែបនេះទេ គុលាការនឹងជួនដំណឹងទៅអ្នកណាម្នាក់ដែលអ្នកកំណត់
ក្នុងចំណោមនិយោជក ឬមិត្តភក្តិអ្នក ជាអាទិ៍។ ដូច្នេះសូមប្រាប់ឈ្មោះ
អាសយដ្ឋាន លេខទូរស័ព្ទអ្នកនោះសម្រាប់ទាក់ទង។

(ជនជាប់ចោទ) សូមទាក់ទងទៅបងប្រុសខ្ញុំដែលនៅជប៉ុន។

(ថៅក្រម) សូមប្រាប់ឈ្មោះ និង អាសយដ្ឋាន។

(ជនជាប់ចោទ) ឈ្មោះ A ។ គាត់រស់នៅជាមួយខ្ញុំ។

9 ការជួនដំណឹងទៅស្ថានកុងស៊ុល

(ថៅក្រម) អ្នកត្រូវជាប្រជាពលរដ្ឋនៃប្រទេស ◯◯ តើអ្នកចង់ឱ្យគុលាការជួន
ដំណឹងអំពីអង្គហេតុនៃការយុំខ្លួន ទៅមន្ត្រីកុងស៊ុលប្រទេស ◯◯ ដោយយោង
តាមបញ្ញត្តិនៃប្រការទី36 កថាខ័ណ្ឌទី1(b)នៃអនុសញ្ញាទីក្រុងវីយែន ស្តីពី
ទំនាក់ទំនងស្ថានកុងស៊ុលឬទេ?

(ជនជាប់ចោទ) ខ្ញុំចង់ឱ្យជួនដំណឹង។ (ខ្ញុំមិនចង់ឱ្យជួនដំណឹងទេ។)

(ថៅក្រម) ក្រៅពីនេះ គុលាការអាចធ្វើលិខិតទៅស្ថានកុងស៊ុលបាន លើកលែងតែ
ករណីដែលផ្ទុយនឹងច្បាប់ ឬបទដ្ឋានគតិយុត្តិជប៉ុន។

10 ការអានកំណត់ហេតុឱ្យស្តាប់

− 59 −

（書）　あなたが述べたことを調書に書きましたので，それ
　　　　を読み上げます。間違いなければここに署名して，左
　　　　人指し指で指印してください。

第2章　公判手続

1　開廷宣言

（裁）　開廷します。

2　通訳人の宣誓

（通）　良心に従って誠実に通訳をすることを誓います。

3　人定質問

（裁）　被告人は前に出てください。<被告人は起立してくだ
　　　　さい。>

　　　　名前は何と言いますか。

　　　　生年月日はいつですか。

　　　　国籍（本籍）はどこですか。

　　　　日本国内に定まった住居はありますか。

　　　　職業は何ですか。

4　起訴状朗読

（裁）　それでは，これから被告人に対する〇〇被告事件に
　　　　ついての審理を始めます。

　　　　起訴状は受け取っていますね。

　　　　まず，起訴状が朗読されますから，被告人は聞いて
　　　　いてください。

　　　　検察官，起訴状を朗読してください。

5　黙秘権の告知

(ក្រឡាបញ្ជីតុលាការ)   អ្វីៗដែលសមត្ថកិច្ចបានថ្លែងការណ៍ ខ្ញុំបានធ្វើជាកំណត់ហេតុ
ដូច្នេះខ្ញុំនឹងអាន ហើយបើសិនជាត្រឹមត្រូវ សូមសរសេរឈ្មោះ និងផ្ដិតស្នាម
ចង្អុលដៃឆ្វេងនៅកន្លែងនេះ ។

ជំពូកទី 2   នីតិវិធីនៃការជំនុំជម្រះ:

1   ការប្រកាសបើកសវនាការ

(ចៅក្រម)   ចាប់ផ្ដើមសវនាការ ។

2   សម្បថរបស់អ្នកបកប្រែ

(ពាក្យសម្បថ)   ខ្ញុំសូមស្បថថា នឹងបកប្រែដោយស្មោះត្រង់តាមមនសិការរបស់ខ្ញុំ ។

3   ការសួរអំពីអត្តសញ្ញាណ

(ចៅក្រម) ចុងចោទ សូមចេញមកខាងមុខនេះ ។ <ចុងចោទ សូមឈើបឈរ ។>

តើអ្នកឈ្មោះអ្វីដែរ?

តើអ្នកកើតនៅថ្ងៃខែឆ្នាំណា?

តើអ្នកមានសញ្ជាតិអ្វីដែរ(អាសយដ្ឋានដើមក្នុងគោលបញ្ជីអក្រានុកូល
ដ្ឋាន)?

តើអ្នកមានលំនៅដ្ឋានច្បាស់លាស់នៅក្នុងប្រទេសជប៉ុនឬទេ?

តើអ្នកមានអាជីពអ្វីដែរ?

4   ការអានដីកាចោទប្រកាន់

(ចៅក្រម) បន្ទាប់មក សូមចាប់ផ្ដើមការជំនុំជម្រះរឿងក្ដីស្ដីពីរឿងក្ដី ○ ○

អ្នកបានទទួលដីកាចោទប្រកាន់ហើយ មែនឬទេ?

ជាបឋម ព្រះរាជអាជ្ញានឹងអានដីកាចោទប្រកាន់ ដូច្នេះសូមចុងចោទស្ដាប់ ។

ព្រះរាជអាជ្ញា សូមអានដីកាចោទប្រកាន់ ។

5   សេចក្ដីប្រកាសអំពីសិទ្ធិនៅស្ងៀមមិនឆ្លើយ

（裁）　これから，今朗読された事実についての審理を行い
　　　　ますが，審理に先立ち被告人に注意しておきます。被
　　　　告人には黙秘権があります。したがって，被告人は答
　　　　えたくない質問に対しては答えを拒むことができます
　　　　し，また，始めから終わりまで黙っていることもでき
　　　　ます。もちろん質問に対して答えたいときには答えて
　　　　よいですが，被告人がこの法廷で述べたことは，被告
　　　　人に有利，不利を問わず証拠として用いられることが
　　　　ありますから，そのことを念頭に置いて答えるように
　　　　してください。

6　被告事件に対する陳述

（裁）　検察官が今読んだ事実について何か述べることはあ
　　　　りますか。

（被）　・　事実はそのとおり間違いありません。

　　　　・　事実は身に覚えがありません。

　　　　・　酒を飲んでいたので，よく覚えていません。

　　　　・　物を取ったのは確かですが，人は殺していませ
　　　　　　ん。

　　　　・　被害者を刺したのは確かですが，殺すつもりは
　　　　　　ありませんでした。

7　弁護人の意見

（弁）　・　被告人の陳述のとおりです。

　　　　・　被告人には，窃盗の故意がないので，無罪を主
　　　　　　張します。

　　　　・　被告人には，窃盗の実行の着手がありませんの

(ចៅក្រម)   តទៅនេះ តុលាការនឹងធ្វើការជំនុំជម្រះស្តីពីអង្គហេតុដែលបានអាន
អំបាញ់មុិញ កំប៉ុន្មែមុននិងចាប់ផ្តើម ខ្ញុំសូមបញ្ជាក់ឲ្យជនជាប់ចោទដឹង។ ជន
ជាប់ចោទមានសិទ្ធិនៅស្ងៀមមិនឆ្លើយ។ ហេតុនេះ ហើយ ចំពោះសំណួរណាដែល
ជនជាប់ចោទមិនចង់ឆ្លើយ អ្នកអាចមិនឆ្លើយបាន ឬក៏អាចនៅស្ងៀមពីដំបូង
ដល់ចប់ក៏បានដែរ។ ហើយបើសិនជាចង់ឆ្លើយនឹងសំណួរណាមួយ ពេលនោះ
អ្នកអាចឆ្លើយបាន តែអ្វីៗដែលជនជាប់ចោទបានឆ្លើយនៅក្នុងសាលសវនាការ
តុលាការអាចយកមកធ្វើជាភស្តុតាងបាន ទោះជាឆ្លើយនោះផ្តល់នូវរបល
ប្រយោជន៍ក៏ដោយ ឬធ្វើឲ្យបាត់បង់ផលប្រយោជន៍របស់អ្នកក៏ដោយ ហេតុនេះ
ហើយ ពេលឆ្លើយ ត្រូវគិតឲ្យច្បាស់លាស់នូវរបំណុចនេះ។

6   សេចក្តីថ្លែងការណ៍ចំពោះរឿងក្តី

(ចៅក្រម)   តើអ្នកចង់ថ្លែងការណ៍អ្វីទេ ពាក់ព័ន្ធនឹងអង្គហេតុដែលព្រះរាជអាជ្ញា
បានអានអំបាញ់មុិញនេះ។

(ចុងចោទ)   • អង្គហេតុទាំងនោះមិនខុសទេ។
             • អង្គហេតុទាំងនោះ ខ្ញុំមិនដឹងទេ។
             • ពេលនោះខ្ញុំដឹកស្រា ដូច្នេះខ្ញុំមិនចាំទេ។
             • ខ្ញុំលួចរបស់គេពិតមែន តែមិនបានសម្លាប់មនុស្សទេ។

             • ខ្ញុំបានចាក់ជនរងគ្រោះមែន តែគ្មានគំនិតចង់សម្លាប់គាត់ទេ។

7   មតិយោបល់របស់មេធាវី

(មេធាវី)   • ដូចដែលចុងចោទបានថ្លែងការណ៍អំបាញ់មុិញនេះ។
             • ចុងចោទគ្មានគំនិតចង់លួចទេ ដូច្នេះសូមអះអាងថា គ្មានទោសទេ។

             • ចុងចោទមិនទាន់បានអនុវត្តការលួចទេ (មិនទាន់បានលួចទេ) ដូច្នេះ

-63-

で，無罪を主張します。

・　被告人の行為は正当防衛に当たるので，無罪を
主張します。

8　検察官の冒頭陳述

（裁）　それでは検察官，冒頭陳述を行ってください。

検察官が証拠によって証明しようとする事実を述べ
ますので，被告人は聞いていてください。

（検）　検察官が証拠により証明しようとする事実は次のと
おりであります。被告人は・・・・。

9　弁護人の冒頭陳述

（公判前整理手続が実施された場合で，弁護側の主張がある
ときには必ず行われるが，同手続が実施されなかった場合
でも行われることがあり得る。）

（裁）　続いて，弁護人の冒頭陳述をどうぞ。

（弁）　それでは，弁護人の冒頭陳述を申し上げます。被告
人は，本件犯行を行っておらず，無罪です。すなわち
・・・・。

10　公判前整理手続の結果顕出

（公判前整理手続が実施された場合）

（裁）　次に，公判前整理手続の結果を明らかにする手続を
行います。この公判に先立ち，裁判所，検察官，弁護
人の３者によって行われた公判前整理手続の結果，本
件における主たる争点は，次の２点であることが明ら
かになっています。まず第１点は・・・・。

សូមអះអាងថា គ្មានទោស។

· អំពើរបស់ចុងចោទ គឺជាការកោរេពរខ្លួនស្របច្បាប់ ដូច្នេះសូមអះអាង
ថា គ្មានទោសទេ។

8 សេចក្ដីថ្លែងការណ៍ជំពូងរបស់ព្រះរាជអាជ្ញា

(ចៅក្រម) បន្ទាប់មក សូមព្រះរាជអាជ្ញាធ្វើសេចក្ដីថ្លែងការណ៍ជំពូង។

ព្រះរាជអាជ្ញានឹងថ្លែងការណ៍អំពីអង្គហេតុដែលនឹងត្រូវបញ្ជាក់កស្ដាង
ដូច្នេះសូមចុងចោទស្ងាប់។

(ព្រះរាជអាជ្ញា) អង្គហេតុដែលព្រះរាជអាជ្ញានឹងធ្វើការបញ្ជាក់កស្ដាងគឺមានដូចត
ទៅ។

ចុងចោទបាន .... ។

9 សេចក្ដីថ្លែងការណ៍ជំពូងរបស់មេធាវី

(ចំពោះករណីដែលបានធ្វើនីតិវិធីរៀបចំមុនការជំនុំជម្រះ បើសិនជាមានការអះអាង
របស់មេធាវី ចាំបាច់ត្រូវតែធ្វើសេចក្ដីថ្លែងការណ៍នេះ ក៏ប៉ុន្តែបើសិនជាមិនបានធ្វើនីតិ
វិធីនេះទេ អាចមានករណីដែលធ្វើសេចក្ដីថ្លែងការណ៍នេះដែរ។)

(ចៅក្រម) បន្ទាប់មក សូមមេធាវីធ្វើសេចក្ដីថ្លែការណ៍ជំពូង។

(មេធាវី) បន្ទាប់ពីនេះ ខ្ញុំជាមេធាវី សុំធ្វើសេចក្ដីថ្លែងការណ៍ជំពូង។ ចុងចោទមិន
បានប្រព្រឹត្តឧក្រិដ្ឋកម្មនេះទេ ដូច្នេះគ្មានទោសទេ។ មានន័យថា .... ។

10 ការលើកមកបង្ហាញនូវលទ្ធផលនៃនីតិវិធីរៀបចំមុនការជំនុំជម្រះ

(ករណីដែលបានធ្វើនីតិវិធីរៀបចំមុនការជំនុំជម្រះ)

(ចៅក្រម) បន្ទាប់មក គឺជានីតិវិធីបង្ហាញឱ្យច្បាស់លាស់អំពីលទ្ធផលនៃនីតិវិធី
រៀបចំមុនការជំនុំជម្រះ។ មុននឹងធ្វើការជំនុំជម្រះនេះ បីភាគីគឺ ចៅក្រម ព្រះ
រាជអាជ្ញា និងមេធាវី បានធ្វើនីតិវិធីរៀបចំមុនការជំនុំជម្រះ ហើយជាលទ្ធផល
ចំណុចវិវាទសំខាន់ៗនៃរឿងក្ដីនេះមានពីរគឺ ទី1 ...... ។

11 証拠調べ請求

(検)　証拠等関係カード（甲）（乙）記載の各証拠の取調
　　　べを請求します。

12 証拠（書証・証拠物）請求に対する意見

(裁)　弁護人，御意見はいかがですか。

(弁)　・　すべて同意します。

　　　・　甲3号証と甲4号証の目撃者Aの検察官と司法
　　　　警察員に対する供述調書については不同意です。
　　　　その余の各証拠は同意します。

　　　・　証拠物については異議ありません。
　　　・　乙3号証の被告人の司法警察員に対する供述調
　　　　書は，取調べ警察官の脅迫により録取されたもの
　　　　であり，任意性を争います。

　　　・　乙5号証の被告人の司法警察員に対する供述調
　　　　書は，供述録取に際し，共犯者をかばって供述し
　　　　たものであるので，その調書には信用性がありま
　　　　せん。
　　　・　乙9号証の被告人の検察官に対する供述調書
　　　　は，検討中のため意見を留保します。

13 書証の要旨の告知・証拠物の展示

(裁)　それでは，同意のあった各証拠は採用し，取り調べ
　　　ることにします。検察官，書証の要旨を告知し，証拠

11 ការទាមទារឱ្យធ្វើការបញ្ជាក់ភស្តុតាង

(ព្រះរាជអាជ្ញា) ខ្ញុំសុំទាមទារឱ្យធ្វើការបញ្ជាក់ភស្តុតាងនីមួយៗដែលមានចុះក្នុង
បញ្ជីស្តីពីភស្តុតាង ជាអាទ៍ (X)(Y)។

12 មតិយោបល់ចំពោះការទាមទារភស្តុតាង(ភស្តុតាងជាឯកសារ, ភស្តុតាងជាវត្ថុ)

(ចៅក្រម) មេធាវី យ៉ាងម៉េចដែរ មានមតិយោបល់ឬទេ?

(មេធាវី) • ឯកភាព។

• មិនឯកភាពចំពោះភស្តុតាងជាឯកសារ X3 ដែលជាកំណត់ហេតុធ្វើ
ដោយព្រះរាជអាជ្ញា និងភស្តុតាងជាឯកសារ X4 ដែលជាកំណត់ហេតុ
ធ្វើដោយនគរបាលយុត្តិធម៌ស្តីពីចម្លើយរបស់សាក្សីដែលជាអ្នកឃើញ
ឈ្លោះ A។ ហើយឯកភាពចំពោះភស្តុតាងផ្សេងទៀត ក្រៅពីនេះ។

• មិនតវ៉ាចំពោះភស្តុតាងជាវត្ថុទេ។

• ស្តីពីភស្តុតាងជាឯកសារ Y3 ដែលជាកំណត់ហេតុនៃចម្លើយរបស់ចុង
ចោទ ចំពោះនគរបាលយុត្តិធម៌ គឺជាការធ្វើឡើងក្រោមការគម្រាម
កំហែងរបស់នគរបាលសួរចម្លើយ ដូច្នេះមានវិទ្ទៈទាក់ព័ទ្ធនឹងភាព
ស្មោះត្រង់ចិត្ត។

• ស្តីពីភស្តុតាងជាឯកសារ Y5 ដែលជាកំណត់ហេតុនៃចម្លើយរបស់ចុង
ចោទ ចំពោះនគរបាលយុត្តិធម៌ នៅពេលឆ្លើយនិងធ្វើកំណត់ហេតុនេះ
ចុងចោទបានឆ្លើយដើម្បីការពារអ្នកចូលដៃគ្នាក្នុងឧក្រិដ្ឋកម្ម ហេតុនេះ
ហើយ មិនអាចជឿទៅលើកំណត់ហេតុនេះបានទេ។

• ស្តីពីភស្តុតាងជាឯកសារ Y9 ដែលជាកំណត់ហេតុនៃចម្លើយរបស់
ចុងចោទ ចំពោះព្រះរាជអាជ្ញាវិញ ដោយសារកំពុងពិចារណា ដូច្នេះសុំ
មិនទាន់បញ្ចេញមតិយោបល់ទេ។

13 ការប្រកាសអំពីសេចក្តីសង្ខេបនៃភស្តុតាងជាឯកសារ និង ការបង្ហាញភស្តុតាងជាវត្ថុ

(ចៅក្រម) បន្ទាប់មក តុលាការទទួលយកភស្តុតាងនីមួយៗដែលត្រូវបានទទួល
ឯកភាព មកពិនិត្យ។ ព្រះរាជអាជ្ញា សូមប្រកាសសង្ខេបនៃភស្តុតាងជាឯកសារ

物を示してください。

　検察官が書証の要旨を告げますので，被告人は聞い
ていてください。

（検）　・　甲1号証は，司法警察員作成の捜査報告書です。
　　　　被告人の出入国状況を示したもので，「被告人は，
　　　　令和〇〇年10月14日，Y国から，短期在留資
　　　　格（90日）の条件で来日した。在留資格は，令
　　　　和〇〇年1月12日までとなっているが，在留
　　　　期間の更新は受けていない。」という内容です。

　　　　・　甲2号証は，被告人の婚約者甲野花子の司法警
　　　　察員に対する供述調書です。内容は被告人の生活
　　　　状況です。

　　　　・　乙1号証は，被告人の司法警察員に対する供述
　　　　調書です。
　　　　被告人の身上，経歴等を述べたものです。

　　　　・　乙2号証，乙3号証は，被告人の司法警察員
　　　　に対する供述調書であり，乙4号証は，被告人の
　　　　検察官に対する供述調書です。

　　　　　乙2号証から乙4号証は，いずれも被告人が
　　　　本件の犯行状況について述べたものですので，乙

ហើយបង្ហាញភស្តុតាងជាវត្ថុ។

ព្រះរាជអាជ្ញានឹងច្រាប់អំពីសេចក្តីសង្ខេបនៃភស្តុតាង ជូរឆ្នេះ ចុងចោទសូមស្ដាប់។

(ព្រះរាជអាជ្ញា) · ភស្តុតាងជាឯកសារ X1 គឺជារបាយការណ៍នៃការស៊ើបអង្កេតរបស់នគរបាលយុត្តិធម៌ចំពោះចុងចោទ។ នេះបង្ហាញអំពីការចេញចូលប្រទេសជប៉ុនរបស់ចុងចោទ ដែលមានខ្លឹមសារថា "នៅ
ថ្ងៃទី14 ខែតុលា ឆ្នាំរយៈ○○ ចុងចោទបានមកពីប្រទេស ខ
មកដល់ជប៉ុន ក្រោមលក្ខខ័ណ្ឌនៃលក្ខណៈសម្បត្តិនៃការស្នាក់នៅ
រយៈពេលខ្លី (90ថ្ងៃ)។ លក្ខណៈសម្បត្តិនៃការស្នាក់នៅមានសុ
ពលភាពត្រឹមថ្ងៃទី12 ខែមករា ឆ្នាំរយៈ○○ តែមិនបានទៅសុំ
ពន្យារទេ។"

· ភស្តុតាងជាឯកសារ X2 គឺជារបាយការណ៍នៃចម្លើយចំពោះ
នគរបាលយុត្តិធម៌របស់កូណ្ឌហាណាកុ ដែលជាសង្សារភ្លោះប៉ាក្យ
ជាមួយចុងចោទ។ ខ្លឹមសារគឺពាក់ព័ន្ធនឹងស្ថានភាពនៃជីវភាព
រស់នៅរបស់ចុងចោទ។

· ភស្តុតាងជាឯកសារ Y1 គឺជារបាយការណ៍នៃចម្លើយរបស់ចុង
ចោទចំពោះនគរបាលយុត្តិធម៌។

នេះគឺជាចម្លើយពាក់ព័ន្ធនឹងស្ថានភាពផ្ទាល់ខ្លួន និងប្រវត្តិរូប
ជាអាទិ៍ របស់ចុងចោទ។

· ភស្តុតាងជាឯកសារ Y2 និង Y3 គឺជារបាយការណ៍នៃចម្លើយ
របស់ចុងចោទចំពោះនគរបាលយុត្តិធម៌ ហើយភស្តុតាងជាឯក
សារ Y4 គឺជារបាយការណ៍នៃចម្លើយរបស់ចុងចោទចំពោះព្រះ
រាជអាជ្ញា។

ភស្តុតាងជាឯកសារ Y2 Y3 Y4 គឺជាការនិយាយអំពីស្ថាន
ភាពនៃឧក្រិដ្ឋកម្មនៃរឿងក្តីនេះដោយចុងចោទ ហើយភស្តុតាងជា

4号証でまとめて要旨を告げます。

「私は，日本で働いてお金を稼ぐために，令和
〇〇年10月14日，Ｙ国から，日本に来ました。
日本では，最初に鈴木建設という会社で働き，次
に田中土建という会社で働きました。在留期間が
令和〇〇年1月12日までということは分かって
いましたが，お金を稼ぎたいのでそのまま日本に
いました。」

・ 乙5号証は，被告人の身上関係についての捜査
報告書です。

14 証人申請

（裁） 検察官，不同意とされた証拠についてはどうされま
すか。

（検） 撤回して，証人Ａを申請します。

15 証人申請に対する意見及び証人の採用

（裁） 弁護人，御意見は。

（弁） しかるべく。

（裁） それでは，Ａを証人として採用します。

16 証人の尋問手続

（1） 証人の宣誓

（裁） ただいまから，あなたをこの事件の証人として尋
問しますから，まずうそをつかないという宣誓をし
てください。その宣誓書を朗読してください。

（証） 宣誓 良心に従って真実を述べ，何事も隠さず，
偽りを述べないことを誓います。証人Ａ。

ឯកសារ Y4 គឺជាសេចក្តីសង្ខេប។

"ដើម្បីធ្វើការនៅជប៉ុនរកលុយ ខ្ញុំបានចេញពីប្រទេស ខ មក ជប៉ុននៅថ្ងៃទី14 ខែតុលា ឆ្នាំរយរ៉ា○○។ នៅជប៉ុន ដំបូងខ្ញុំធ្វើ ការនៅក្រុមហ៊ុនសំណង់ស៊ីហ្ប៉ីគី ហើយបន្ទាប់មក នៅក្រុមហ៊ុន សំណង់តាណាកា។ កំឡុងពេលស្នាក់នៅគឺត្រឹមថ្ងៃទី12 ខែមករា ឆ្នាំរយរ៉ា○○ គឺខ្ញុំដឹងហើយ តែខ្ញុំចង់បានលុយ ហេតុនេះហើយ ខ្ញុំក៏បាននៅជប៉ុនបន្តទៀតទៅ។"

•   ភស្តុតាងជាឯកសារ Y5 គឺជារបាយការណ៍នៃការស៊ើបអង្កេតស្តី ពីស្ថានភាពនៃជីវភាពរស់នៅរបស់ចុងចោទ។

14 ការស្នើសុំឱ្យសាកសួរសាក្សី
    (ចៅក្រម) ព្រះរាជអាជ្ញា ស្តីពីភស្តុតាងដែលមិនមានឯកភាព តើគិតយ៉ាងណា
             ដែរ?
    (ព្រះរាជអាជ្ញា) ខ្ញុំសុំដកវិញ ហើយស្នើសុំឱ្យសាកសួរសាក្សី A។

15 មតិយោបល់ចំពោះការស្នើសុំសាកសួរសាក្សី និង ការយល់ព្រមទទួលយកសាក្សី
    (ចៅក្រម) មេធាវី តើមានមតិយោបល់អីទេ?
    (មេធាវី) សមស្រប គ្មានបញ្ហាទេ។
    (ចៅក្រម) ដូច្នេះ ខ្ញុំទទួលយក A ជាសាក្សី។

16 នីតិវិធីសាកសួរសាក្សី
    (1) សម្បថរបស់សាក្សី
        (ចៅក្រម) បន្ទាប់ពីនេះ គុលាការនឹងសាកសួរអ្នកក្នុងនាមជាសាក្សីនៃរឿងក្តី
                 នេះ ដូច្នេះសូមស្បថថា មិននិយាយភូតកុហាក។ សូមអាននាតាមកាសម្បថ
                 នេះ។
        (សាក្សី) សម្បថ ខ្ញុំស្បថថា ខ្ញុំនឹងនិយាយការពិតតាមមនសិការរបស់ខ្ញុំ ដោយ
                 មិនលាក់អ្វីទាំងអស់ ហើយមិននិយាយកុហាកភ្លូតតរទេ។ សាក្សី A។

-- 71 --

（裁）　証人は，今宣誓したように本当のことを証言して
　　　　ください。もし宣誓した上で虚偽の証言をすると，
　　　　偽証罪で処罰されることがあります。

　　　　　証人が証言することによって証人自身又は証人の
　　　　近親者が刑事訴追を受けたり，有罪の判決を受ける
　　　　おそれのある事柄については，証言を拒むことがで
　　　　きますから，その場合には申し出てください。

(2)　異議申立て及びその裁定

（検）　弁護人のただいまの発問は，誘導尋問ですから，
　　　　異議を申し立てます。

（弁）　反対尋問においては，誘導尋問も許されるので，
　　　　検察官の異議の申立ては，理由がないと思料いたし
　　　　ます。

（裁）　異議を棄却します。

(3)　証人尋問の終了

（裁）　証人尋問を終わります。証人は，お疲れさまでし
　　　　た。

17　その他の手続

(1)　弁論の併合決定

（裁）　本件に被告人に対する令和〇〇年（わ）第〇〇号
　　　　強盗被告事件を併合して審理します。

(2)　訴因及び罰条等の変更

（検）　起訴状記載の訴因を「被告人は・・・・したもの
　　　　である。」と，罪名及び罰条を「窃盗　刑法２３５条」
　　　　とそれぞれ変更の請求をします。

(ចៅក្រម)   សាក្សី! សូមឆ្លើយការពិតតាមអ្វីៗដែលអ្នកបានស្បថអម្បាញ់មិ៉ញ។
បើសិនជាអ្នកនិយាយភូតកុហាក អ្នកអាចនឹងត្រូវផ្តន្ទាទោសតាមបទផ្តល់
សក្ខីកម្មមិនពិត។

បើសិនជាសាក្សីសាមីខ្លួន ឬសាច់ញាតិជិតៗរបស់សាក្សី អាចត្រូវគេផ្តន្ទា
ទោសព្រហ្មទណ្ឌ ឬអាចទទួលទោស ដោយសារការផ្តល់សក្ខីកម្មណាមួយ
សាក្សីអាចប្រកែកមិនឆ្លើយបាន ពេលនោះសូមបញ្ជាក់ប្រាប់។

(2)   ការសុំតវ៉ា និង ការសម្រេចចំពោះការតវ៉ានោះ៖
(ព្រះរាជអាជ្ញា)   សំណួររបស់មេធាវីអំបាញ់មិ៉ញនេះ គឺជាសំណួរនាំមុខ ដូច្នេះ
សុំតវ៉ា។
(មេធាវី)   ស្តីពីការសាកសួរគេប គេអាចសួរសំណួរនាំមុខបាន ដូច្នេះខ្ញុំគិតថា
ការតវ៉ារបស់ព្រះរាជអាជ្ញាគ្មានហេតុផលត្រឹមត្រូវទេ។

(ចៅក្រម)   ច្រានចោលនូវការតវ៉ា។
(3)   ការបញ្ចប់ការសាកសួរសាក្សី
(ចៅក្រម)   សូមបញ្ចប់ការសាកសួរសាក្សី។ សូមអរគុណសាក្សី។

17 នីតិវិធីផ្សេងទៀត
(1)   ដីកាសម្រេចរួមបញ្ចូលការទាញហេតុផល
(ចៅក្រម)   រួមបញ្ចូលការជំនុំជម្រះរឿងក្តីនេះ ទៅនឹងរឿងក្តីស្តីពីការស្នើចលេខ
រយៈ○○(Wa)លេខ○○ ដើម្បីជំនុំជម្រះ។
(2)   ការបួរមេរូលហេតុនៃការចោទប្រកាន់ និង មាត្រាចែងអំពីទោសទណ្ឌកម្ម ជាអាទ៍
(ព្រះរាជអាជ្ញា)   ទាមទារឱ្យបួរមេរូលហេតុនៃការចោទប្រកាន់ដែលមានសរសេរ
ក្នុងដីកាចោទប្រកាន់ ទៅ "ចុងចោទបានប្រព្រឹត្ត ......" និងបួរណេះបទ
ល្មើស ព្រមទាំងមាត្រាចែងអំពីទោសទណ្ឌកម្ម ទៅ "ការស្លួច ក្រមព្រហ្ម

-73-

（弁）　検察官の請求に異議ありません。

（裁）　訴因及び罰条等の変更を許可します。

(3)　被害者特定事項の秘匿決定後，被害者の呼称の定めがされた場合

　　（裁）　今後の審理においては，令和〇〇年6月20日付け起訴状記載の公訴事実第1の被害者のことを「被害者A」と，同年7月10日付け追起訴状記載の被害者のことを「被害者B」と呼ぶこととします。

(4)　被害者参加許可決定

　　（検）　本日，被害者Aさんから被害者参加の申出がありました。検察官としては，相当であると考えます。

　　（裁）　弁護人の御意見はいかがですか。

　　（弁）　しかるべく。

　　（裁）　申出人の本件被告事件の手続への参加を許可します。

(5)　被害者等の被害に関する心情その他の被告事件に関する意見陳述

　（被害者等からの申出がある場合）

　　（裁）　被害者の方からの心情その他の意見陳述を行います。では，被害者の方は証言台に進んで，その意見を陳述してください。

ទណ្ឌ មាត្រា 235 ។

(មេធាវី)   មិនឥឥរាំចំពោះការទាមទាររបស់ព្រះរាជអាជ្ញាទេ ។

(ចៅក្រម)   អនុញ្ញាតឱ្យឡូ្យរមូលហេតុនៃការចោទប្រកាន់ និង មាត្រាថែងអំពី
                ទោសទណ្ឌកម្ម ។

(3)   ករណីដែលបានកំណត់ឈ្មោះសម្រាប់ហៅជនរងគ្រោះ ក្រោយពីបានសម្រេចអំពី
        ការរក្សាការសម្ងាត់ស្ដីពីចំណុចពិសេសដែលអាចធ្វើឱ្យដឹងថា អ្នកណាជាជនរង
        គ្រោះ

        (ចៅក្រម)   ក្នុងការជំនុំជម្រះពីនេះទៅ ជនរងគ្រោះដែលមានសរសេរនៅក្នុងអង្គ
                    ហេតុដែលត្រូវបានចោទប្រកាន់ទី 1 នៅក្នុងដីកាចោទប្រកាន់ចុះថ្ងៃទី 20 ខែ
                    មិថុនា ឆ្នាំ ឧ ○ ○ ខ្ញុំសុំហៅថា "ជនរងគ្រោះ A" រីឯជនរងគ្រោះដែល
                    មានសរសេរនៅក្នុងដីកាចោទប្រកាន់បន្ថែមចុះថ្ងៃទី 10 ខែកក្កដា ឆ្នាំជដែល
                    ខ្ញុំសុំហៅថា "ជនរងគ្រោះ B" ។

(4)   ដីកាសម្រេចអនុញ្ញាតឱ្យជនរងគ្រោះចូលរួម

        (ព្រះរាជអាជ្ញា)   ថ្ងៃនេះ ជនរងគ្រោះ A បានសុំចូលរួមដៃរៗ ក្នុងនាមជាព្រះរាជ
                    អាជ្ញា ខ្ញុំគិតថា សមស្រប ។

        (ចៅក្រម)   មេធាវី តើមានមតិយោបល់ឬទេ?

        (មេធាវី)   គ្មានបញ្ហាទេ ។

        (ចៅក្រម)   អនុញ្ញាតឱ្យអ្នកស្នើសុំចូលរួមក្នុងនីតិវិធីនៃរឿងក្ដីនេះ ចូលរួម ។

(5)   សេចក្ដីថ្លែងអំពីអារម្មណ៍ ជាអាទិ៍ ៣ក់ព័ន្ធនឹងការរងគ្រោះក្នុងរឿងក្ដីនេះរបស់
        ជនរងគ្រោះ
        (ករណីដែលមានការស្នើសុំពីជនរងគ្រោះ)

        (ចៅក្រម)   ជនរងគ្រោះនឹងធ្វើសេចក្ដីថ្លែងមតិយោបល់ស្ដីពីអារម្មណ៍របស់ខ្លួន
                    ជាអាទិ៍ ។ សូមអញ្ជើញជនរងគ្រោះមកកន្លែងថ្លែង ហើយសូមថ្លែងមតិ
                    យោបល់របស់ខ្លួន ។

– 75 –

（害）　・　私は，被告人に殴られて，半年も入院しまし

た。その間，身体の自由が利かず，仕事もできず，

とてもつらい思いをしました。

・　被告人のことは，絶対に許せません。

(6)　即決裁判手続

ア　被告事件に対する有罪の陳述

（起訴状朗読及び黙秘権の告知後）

（裁）　検察官が今読んだ事実について何か述べること

はありますか。

（被）　間違いありません。

（裁）　事実は間違いないということですが，この事実

について，有罪であるとして処罰されても構わな

いということですか。

（被）　はい。

イ　弁護人の意見

（裁）　弁護人の御意見は。

（弁）　被告人の陳述と同様です。

ウ　即決裁判手続によって審判する旨の決定

（裁）　本件については，検察官から即決裁判手続の申

立てがされています。被告人，弁護人は即決裁判

手続によることについて同意しており，被告人は

有罪である旨の陳述をしていますので，本件を即

決裁判手続によって審判することとします。

(ជនរងគ្រោះ) · ខ្ញុំត្រូវចុងចោទវៃ ហើយចូលគេងពេ្យអស់កន្លះម៉ោង ក្នុងកំ
ឡុងពេលនោះ ខ្លួនព្រាណពិបាកក្រើកធ្វើការអ្វីក៏មិនបាន
មានការពិបាកយ៉ាងខ្លាំង ។

· ខ្ញុំមិនអាចអត់អោនឱ្យចុងចោទបានជាដាច់ខាតៗ។

(6) នីតិវិធីជំនុំជម្រះដោយចេញសាលក្រមឆ្លាមៗ

ក. សេចក្ដីថ្លែងការណ៍អំពីភាពមានទោសនៃរឿងក្ដី

(ក្រោយពេលអានដីកាចោទប្រកាន់ និង ប្រកាសសិទ្ធិនៅស្យេមមិនឆ្លើយ)

(ចៅក្រម) ស្ដីពីអង្គហេតុដែលព្រះរាជអាជ្ញាបានអានអំបាញ់មុ៉ញ តើមានអ្វី
ចង់និយាយទេ?

(ចុងចោទ) គ្មានអ្វីខុសទេ ។

(ចៅក្រម) អង្គហេតុមិនខុសទេៗ ដូច្នេះមានន័យថា ផ្ទុយទៅសក៏មិនអ្វីដែរ
មែនទេ?

(ចុងចោទ) បាទ (ចាំ)។

ខ. មតិយោបល់របស់មេធាវី

(ចៅក្រម) មេធាវីមានយោបល់អ្វីដែរ?

(មេធាវី) ដូចដែលចុងចោទបានថ្លែងការណ៍ដែរៗ។

គ. ដីកាសម្រេចស្ដីពីការជំនុំជម្រះតាមនីតិវិធីជំនុំជម្រះដោយចេញសាលក្រម
ឆ្លាមៗ

(ចៅក្រម) ស្ដីពីរឿងក្ដីនេះ ព្រះរាជអាជ្ញាបានដាក់ពាក្យសុំឱ្យធ្វើនីតិវិធីជំនុំ
ជម្រះដោយចេញសាលក្រមឆ្លាមៗ។ ចុងចោទ និង មេធាវីក៏ឯងភាព
ចំពោះការជំនុំជម្រះដោយនីតិវិធីជំនុំជម្រះដោយចេញសាលក្រមឆ្លាមៗ
ដែរ ហើយចុងចោទក៏បានថ្លែងយល់ព្រមទទួលទោសដែរ ដូច្នេះ
តុលាការធ្វើការជំនុំជម្រះតាមរបៈនីតិវិធីជំនុំជម្រះរឿងក្ដីនេះដោយចេញ
សាលក្រមឆ្លាមៗ ។

エ　証拠調べ請求等

（裁）　では，証拠調べに入ります。検察官，証拠調べ
　　　　請求をお願いします。

（検）　本件公訴事実を立証するため，証拠等関係カー
　　　　ド（甲）（乙）記載の各証拠の取調べを請求します。

（裁）　弁護人，いかがですか。

（弁）　いずれも，証拠とすることに異議はありません。

18　論告

（裁）　検察官，御意見を伺います。

　　　　検察官がこの事件に対する意見を述べますので，被
　　　　告人は聞いていてください。

（検）　それでは論告いたします。

　　　・　まず，事実についてですが，本件公訴事実は，
　　　　当公判廷で取り調べられた関係各証拠によって証
　　　　明十分と思料します。

　　　・　情状について申し上げます。本件は，被告人が，
　　　　金を稼ぐ目的で，当初から不法に残留することを
　　　　予定して入国し，2年余りにわたって不法に残留
　　　　した事案であり，その残留期間の長さなどを考え
　　　　ると，被告人の刑事責任は重大であります。

　　　・　求刑ですが，以上諸般の事情を考慮し，相当法
　　　　条適用の上，被告人を，懲役1年6月に処する
　　　　のを相当と思料します。

យ. ការទាមទារឱ្យធ្វើការបញ្ជាក់ភស្តុតាង ជាអាទ៍

(ចៅក្រម)   បន្ទាប់មក ចូលដល់ការបញ្ជាក់ភស្តុតាង។ ព្រះរាជអាជ្ញា សូមធ្វើ
              ការទាមទារការបញ្ជាក់ភស្តុតាង។

(ព្រះរាជអាជ្ញា)   ដើម្បីធ្វើការបញ្ជាក់អង្គហេតុនៃការចោទប្រកាន់នៃរឿងក្តីនេះ
              ខ្ញុំសុំទាមទារឱ្យបញ្ជាក់ភស្តុតាងនិមួយៗដែលមានសរសេរនៅក្នុងបញ្ជី
              ស្តីពីភស្តុតាង ជាអាទ៍(X)(Y)។

(ចៅក្រម)   មេធាវី យ៉ាងណាដែរ?

(មេធាវី)   មិនតវ៉ាចំពោះការយករបស់ទាំងនេះមកធ្វើជាភស្តុតាងទេ។

18 សេចក្តីសន្និដ្ឋាន

(ចៅក្រម)   ព្រះរាជអាជ្ញា ខ្ញុំចង់ស្ដាប់មតិយោបល់។
          ព្រះរាជអាជ្ញានឹងបញ្ចេញមតិយោបល់ស្តីពីរឿងក្តីនេះ ផ្ទេរឲ្យចុងចោទសូម
          ស្តាប់។

(ព្រះរាជអាជ្ញា)   ផ្ទេរ ខ្ញុំសុំធ្វើសេចក្តីសន្និដ្ឋាន។

          • ជាបឋម ស្តីពីអង្គហេតុនៃការចោទប្រកាន់នៃរឿងក្តីនេះ ដែលតុលាការ
             បានពិនិត្យរួចហើយនោះ គឺអាចធ្វើការបញ្ជាក់ដោយភស្តុតាងគ្រប់គ្រាន់
             ហើយ។

          • ខ្ញុំសុំពន្យល់អំពីសភាពការណ៍។ ស្តីពីរឿងក្តីនេះ ចុងចោទបានមក
             ប្រទេសជប៉ុនដើម្បីរកលុយកាក់ ហើយមានតម្រោងស្នាក់នៅខុសច្បាប់
             តាំងពីដំបូងមកម្ល៉េះ ហើយបានមកស្នាក់នៅ ខុសច្បាប់ដល់ទៅ2ឆ្នាំ។
             ប្រសិនជាពិចារណាអំពីកំឡុងពេលជាអាទ៍នេះទៅ ចុងចោទមានការ
             ទទួលខុសត្រូវយ៉ាងធ្ងន់។

          • ស្តីពីការទាមទារឱ្យដាក់ទោសវិញ ខ្ញុំគិតថា បន្ទាប់ពីបានពិចារណា
             ដល់សភាពការណ៍នានាខាងលើនេះ ហើយដោយអនុវត្តតាមបញ្ញត្តិច្បាប់
             ដែលសមស្របជាដើម តប្បីតែដាក់ចុងចោទឱ្យនៅក្នុងពន្ធនាគារយៈ
             ពេល1ឆ្នាំ6ខែ។

19　被害者参加人の弁論としての意見陳述

（事前に被害者参加人からの申出がされ，これが許可されている場合）

（裁）　では，弁論としての意見陳述をお願いします。

（参）　この事件の被害者参加人として，私の意見を述べます。

- 　被告人は，何の関係もない私に対し，いきなり言い掛かりをつけ，その後，急に殴りかかってきました。

- 　このため，私は 1 か月もの入院を余儀なくされるほどの重傷を負いました。入院中は身体の自由が利かず，本当につらい思いをしました。

- 　被告人は，私にも落ち度があるなどといって謝罪すら行わず，また，慰謝料はおろか，入院費用さえも支払っていません。

- 　このような被告人のことは，どうしても許せません。私は，被告人を懲役 4 年の刑にしてほしいと思います。

20　弁護人の弁論

（裁）　弁護人の御意見を伺います。

（弁）　では，被告人のため，弁論いたします。

(1)　出入国管理及び難民認定法違反（自白事件）の例

- 　本件公訴事実に関しては，被告人は当公判廷においてもこれを素直に認めており，弁護人としてもこれに

១៩   ការថ្លែងមតិយោបល់ក្នុងនាមជាការទាញហេតុផលរបស់ជនរងគ្រោះដែលចូលរួម

(ករណីដែលមានការដាក់ពាក្យសុំជាមុនពីជនរងគ្រោះដែលចូលរួម ហើយបានទទួល
ការអនុញ្ញាតិ)

(ចៅក្រម)   បន្ទាប់មក សូមអញ្ជើញឡើងថ្លែងមតិយោបល់ទាញហេតុផល។

(ជនរងគ្រោះដែលចូលរួម)   ក្នុងនាមជាជនរងគ្រោះដែលចូលរួមក្នុងរឿងក្ដីនេះ ខ្ញុំ
សូមថ្លែងមតិយោបល់។

•   ចុងចោទបានមករករឿងខ្ញុំ ដែលជាអ្នកគ្មានទំនាក់ទំនងនឹងគាត់
ទាល់តែសោះ ហើយវាយដំខ្ញុំដោយមិនដឹងខ្លួន។

•   ហេតុនេះហើយ ខ្ញុំត្រូវរបួសយ៉ាងធ្ងន់ រហូតដល់ត្រូវចូលគេងពេទ្យអស់
១ខែ។ នៅក្នុងពេទ្យ ខ្លួនប្រាណខ្ញុំកម្រើកសឹងមិនបាន រវាទនាខ្លាំងណា
ស់។

•   ចុងចោទមិនបានសុំទោសខ្ញុំទាល់តែសោះ ដោយនិយាយថា ខ្ញុំជាអ្នក
ខុស ជាដើម ហើយមិនបានសងធម្មើចិត្ត មិនតែប៉ុណ្ណោះ សូម្បីតែថ្លៃពេទ្យ
ក៏មិនចេញដែរ។

•   ហេតុនេះហើយ ខ្ញុំមិនអាចអត់អោនចុងចោទបានឡើយ។ ខ្ញុំចង់ឱ្យដាក់
ទោសគាត់ជាប់ពន្ធនាគារ ៤ឆ្នាំ។

២០   ការទាញហេតុផលរបស់មេធាវី
(ចៅក្រម)   សុំសូមមតិយោបល់មេធាវី។
(មេធាវី)   បន្ទាប់មក ខ្ញុំសុំទាញហេតុផលដើម្បីជនរងគ្រោះ។

(១)   ឧទាហរណ៍នៃករណីលើសច្បាប់ស្ដីពីការគ្រប់គ្រងអន្ដោប្រវេសន៍ និងការទទួល
ស្គាល់ជនភៀសខ្លួន(រឿងក្ដីដែលមានការសារភាព)
•   ស្ដីពីអង្គហេតុនៃបណ្ដឹងអាជ្ញានេះ នៅក្នុងសវនាការនេះ ចុងចោទក៏បាន
ទទួលស្គាល់គ្មានប្រកែកទេ ក្នុងនាមជាមេធាវី ខ្ញុំក៏គ្មានអ្វីនិយាយលើសពីនេះ៖

-៨១-

対し特段異議をとどめるべき点はございません。

・　被告人も当公判廷で供述したとおり，本件は弁解の余地のない違法行為であり，被告人自身，長期にわたる不法残留については十分反省し，国外に退去した後は２度と日本には来ないと供述しており，今後２度とこのような違法行為を繰り返さないことを誓っているものです。

・　被告人の残留目的は，就労であり，それ以外の不法な目的を有していたものではありません。

・　現に，来日してから逮捕されるまでの間は，まじめに稼働しており，本件以外の犯罪を犯したこともなく，前科前歴はありません。

・　被告人は今回，逮捕，勾留，起訴という厳しい処分を受け，既に相当の期間の身柄拘束処分を受けており，十分な社会的，経済的制裁を受けています。

・　以上の事情を併せ考慮されて，被告人に是非とも自力更生，再起の機会を与えていただきたく，執行猶予の寛大な判決を下されるよう，切にお願いする次第です。

(2)　窃盗（否認事件）の例

・　被告人は，指輪を買うつもりだったのであり，窃盗の故意はなく，無罪です。このことは証拠によって認められる次の事実から明らかであります。

（中略）

・　以上のことから，被告人には窃盗の故意がなく，無

៩ ។

• ដូចដែលពួកេរគ្រោះបានថ្លែងក្នុងសវនាការនេះដែរ រឿងក្តីនេះ គឺជាអំពើ ខុសច្បាប់ មិនអាចដោះសារបាន ហើយចុងចោទសាមីខ្លួនក៏បានភ្ញាក់រលឹកអំពី ការស្តោកនៅខុសច្បាប់អស់រយៈពេលវែង ហើយសាមីខ្លួនបានថ្លែងថា ក្រោយ ពេលត្រូវដេញចេញពីជប៉ុន ត្រឡប់ទៅប្រទេសខ្លួនវិញខ្លួននឹងមិនមកប្រទេស ជប៉ុនទៀតឡើយ ហើយបានថ្លែងថាចិត្តថា និងមិនប្រព្រឹត្តអំពើខុសច្បាប់ទៀត ឡើយ ។

• គោលបំណងនៃការស្តោកនៅបន្តរបស់ចុងចោទគឺ ការធ្វើការងារ គ្មានគោល បំណងអីក្រៅពីនេះទេ ។

• ជាក់ស្តែង ក្រោយពីមកជប៉ុន រហូតដល់ពេលត្រូវចាប់ខ្លួន គាត់បានខំប្រឹង ប្រែងធ្វើការ ហើយក្រៅពីអំពើខុសច្បាប់នេះ គ្មានអីផ្សេងទៀតទេ ។ មុននេះគាត់ មិនដែលមានទោសអីទេ ។

• លើកនេះ ចុងចោទត្រូវបានចាប់ខ្លួន ត្រូវបានឃុំខ្លួន ត្រូវបានប្តឹងអាជ្ញាដែល ជាការចាត់ចែងធ្ងន់ធ្ងរ ហើយត្រូវបានឃុំខ្លួនអស់រយៈពេលយូរគួរសមហើយ ដូច្នេះ គាត់បានទទួលដាក់ទណ្ឌកម្មពីសង្គម និងសេដ្ឋកិច្ចគ្រប់គ្រាន់ហើយ ។

• តាមរយៈការពិចារណាដល់សភាពការណ៍ខាងលើនេះទាំងអស់ទៅ ខ្ញុំចង់ ឱ្យចុងចោទកែខ្លួន ផ្តល់ឱកាសឱ្យគាត់រកសីឡើងវិញ ដូច្នេះសុំចេញសាលក្រម ព្យួរទោសដោយយោគយល់គាត់ ។

(2) ឧទាហរណ៍នៃការសួច (ករណីដែលមិនទទួលស្គាល់)

• ចុងចោទមានតំនិតចង់ទិញចំញៀន គ្មានចេតនាសួចទេ ដូច្នេះគ្មានទោស ទេ ។ នេះគឺអាចបញ្ជាក់ដោយភស្តុតាងបាន តាមរយៈអង្គហេតុដូចតទៅ ។

(រំលោងចោល)

• ដូចដែលបានពន្យល់ខាងលើនេះ ចុងចោទគ្មានចេតនាសួចទេ ដូច្នេះ គ្មាន

— 83 —

罪であります。

21　被告人の最終陳述

（裁）　これで審理を終わりますが，最後に何か言っておき
たいことはありますか。

（被）　・　申し訳ないことをしたと思います。

　　　　・　私は盗むつもりはありませんでした。早く自分
の国へ帰らせてください。

22　公判期日の告知

(1)　次回公判期日の告知

（裁）　次回公判期日は，令和○○年 11 月 8 日午前 10
時 30 分と指定します。

(2)　判決言渡期日の告知

（裁）　それでは，判決は令和○○年 12 月 6 日午後 1
時にこの法廷で言い渡します。

23　判決宣告

（裁）　被告人に対する○○被告事件の判決を言い渡しま
す。

（判決主文の例については，第 3 章及び第 4 章参照）
理由・　当裁判所が証拠により認定した罪となるべ
き事実（犯罪事実）の要旨は次のとおりであ
る。

　　　・　そこで，所定の法条（法律）を適用して，
主文のとおり判決する。

　　　・　刑を定めるに当たって考慮した事情は以下
のとおりである。

ទោស ទេ ។

21 សេចក្តីថ្លែងការណ៍បុ‌‌ឆបញ្ចប់របស់ចុងចោទ

(ចៅក្រម) នេះគឺដល់ពេលបញ្ចប់ការជំនុំជម្រះហើយ ។ មុននឹងបញ្ចប់ តើចុងចោទ
ចង់និយាយអ្វីទៀតទេ?

(ចុងចោទ) • ខ្ញុំសុំទោសចំពោះអ្វីៗដែលបានធ្វើ ។
• ខ្ញុំគ្មានគំនិតលួចទេ ។ សូមឱ្យខ្ញុំត្រឡប់ទៅស្រុកខ្ញុំវិញនាប់១ផង។

22 ការប្រកាសអំពីកាលបរិច្ឆេទនៃសវនាការ

(1) ការប្រកាសកាលបរិច្ឆេទនៃសវនាការលើកក្រោយ

(ចៅក្រម) កាលបរិច្ឆេទនៃសវនាការលើកក្រោយ គឺថ្ងៃទី8 ខែវិច្ឆិកា ឆ្នាំ ។ យ៉ាំ
○ ○ វេលាម៉ោង 10និង30នាទី‌ព្រឹក ។

(2) ការប្រកាសកាលបរិច្ឆេទនៃការប្រកាសសាលក្រម

(ចៅក្រម) បន្ទាប់មក តុលាការនឹងប្រកាសសាលក្រមនៅសាលសវនាការនេះ
ដែលនឹងធ្វើឡើងនៅថ្ងៃទី6 ខែធ្នូ ឆ្នាំ ។ យ៉ាំ○ ○ វេលាម៉ោង 1ល្ងាច។

23 ការប្រកាសសាលក្រម

(ចៅក្រម) សុំប្រកាសសាលក្រមនៃរឿងក្ដី ○ ○ ចំពោះចុងចោទ ។
(ស្ដីពីឧទាហរណ៍នៃសេចក្តីសម្រេចបញ្ចប់ សូមមើលជំពូកទី3 និងជំពូកទី4)
ការសំអាងហេតុ

• សេចក្តីសង្ខេបនៃអង្គហេតុដែលជាធាតុផ្សំនៃបទល្មើស(អង្គហេតុ
នៃ‌ឧក្រិដ្ឋកម្ម)ដែលតុលាការយើងខ្ញុំបានទទួលស្គាល់ដោយកតុ
តាង ។

• ផ្លូវច្បាប់ តាមរយៈការអនុវត្តន៍បញ្ញត្តិច្បាប់ (ច្បាប់) តុលាការចេញ
សាលក្រមដែលមានសេចក្តីសម្រេចបញ្ចប់ដូចតទៅ ។

• ពេលធ្វើការកំណត់ទោស តុលាការបានពិចារណានូវសភាព
ការណ៍ដូចតទៅ ។

（判決理由の例については，第 5 章及び第 6 章参照）

24 刑の全部の執行猶予の説明

(1) 身柄拘束中の被告人の刑の全部の執行猶予

（裁） 刑事裁判の手続としては，釈放されます。今後〇年間のうちに日本で罪を犯さなければ，刑務所に入らなくてもよくなります。しかし，この〇年間のうちに日本で罪を犯してまた刑に処せられることがあると，この執行猶予は取り消されます。そうなると，今回の懲役〇年の刑を実際に受けなければならなくなります。もちろん，その場合には新たに犯した罪の刑も受けます。そういうことのないように，十分注意してください。

(2) 既に不法残留になっている被告人の刑の全部の執行猶予

（裁） なお，被告人の場合は既に在留期間が経過していますから，この判決の後間もなく，入国管理局において被告人を本国に送還する手続がなされると思います。したがって，結局，送還後〇年間日本に来て犯罪を犯さなければ，今回の刑を受けることはないということになります。

25 刑の一部の執行猶予の説明

（裁） 主文は先ほど述べたとおり，懲役〇年です。このうち，〇月の執行を猶予することとなりますが，その残りについては猶予されません。猶予された〇月分につ

(ស្ដីពីឧទាហរណ៍នៃការសំអាងហេតុ សូមមើលជំពូកទី5 និង ជំពូក
ទី៦)

24   សេចក្ដីពន្យល់អំពីការឝ្យរការអនុវត្តន៍ទោសទាំងអស់

(1)   ការឝ្យរការអនុវត្តន៍ទោសទាំងអស់របស់ចុងចោទ ដែលកំពុងត្រូវបានឃុំខ្លួន
(ថៅក្រម)   នីតិវិធីគុលាការប្រាហ្មទណ្ឌ គឺដោយលែង។ ក្នុងកំឡុងពេល ○ ឆ្នាំពី
នេះទៅ ប្រសិនបើមិនប្រព្រឹត្តបទល្មើសអីផ្សេងទៀតនៅជប៉ុនទេ ចុងចោទ
មិនបាច់ចូលពន្ធនាគារទេ។ ប៉ុន្តែបើសិនជាក្នុងកំឡុងពេល ○ ឆ្នាំនេះ ចុង
ចោទបានប្រព្រឹត្តបទល្មើសថែមទៀត ហើយត្រូវបានផ្ដន្ទាទោសគុលាការ
និងលុបចោលការឝ្យរទោសនេះ។ ដូច្នេះពេលនោះ ចុងចោទត្រូវចូលពន្ធនា
គារចំនួន ○ ឆ្នាំជាក់ស្ដែង។ ពេលនោះ ក៏ត្រូវតែទទួលទណ្ឌកម្មនៃទោស
ដែលបានប្រព្រឹត្តថ្មីទៀតនោះថែមទៀតា។ សូមប្រយ័ត្នយ៉ាងណាកុំឱ្យមាន
រឿងបែបនេះកើតមានឡើង។

(2)   ការឝ្យរការអនុវត្តន៍ទោសទាំងអស់របស់ចុងចោទ ៣កំពន្ធនឹងការស្នាក់នៅ
ខុសច្បាប់
(ថៅក្រម)   ម្យ៉ាងទៀត កំឡុងពេលស្នាក់នៅរបស់ចុងចោទនេះបានកន្លងផុតទៅ
ហើយ ដូច្នេះបន្ទាប់ពីបានចេញសាលក្រមនេះ មន្ត្រីគ្រប់គ្រងអន្ដោប្រវេសន៍
នឹងធ្វើនីតិវិធីបញ្ជូនចុងចោទត្រឡប់ទៅប្រទេសខ្លួនវិញ។ ហេតុនេះហើយ
ជាលទ្ធផល ក្រោយការបញ្ជូនទៅប្រទេសខ្លួនវិញក្នុងកំឡុងពេល ○ ឆ្នាំ បើ
សិនជាចុងចោទមិនចូលមកប្រទេសជប៉ុនប្រព្រឹត្តបទល្មើសទេ មិនត្រូវបាន
ផ្ដន្ទាទោសនៃរឿងក្ដីនេះឡើយា។

25   សេចក្ដីពន្យល់អំពីការឝ្យរការអនុវត្តន៍ទោសមួយភាគ

(ថៅក្រម)   ដូចដែលបានថ្លែងអំបាញ់មុិញនៅក្នុងសេចក្ដីសម្រេចបញ្ជប់ គឺចុងចោទ
ត្រូវជាប់ពន្ធនាគារចំនួន ○ ឆ្នាំា។ ក្នុងកំឡុងពេលនោះ ចំនួន ○ ខែ គឺជាកំ
ឡុងពេលឝ្យរទោស ហើយកំឡុងពេលដែលនៅសល់ មិនឝ្យរទេា។ ស្ដីពីកំឡុង

いては，今後○年間のうちに日本で罪を犯さなければ，刑務所に入らなくてもよくなります。しかし，この○年間のうちに日本で罪を犯してまた刑に処せられることがあると，この執行猶予は取り消されます。そうなると，猶予された○月分の刑についても実際に受けなければならなくなります。もちろん，その場合には新たに犯した罪の刑も受けます。そういうことのないように，十分注意してください。

26　未決勾留日数の説明

（裁）　被告人はこれまで相当期間勾留されていますから，そのうちの○日間は既に刑の執行を受け終わったものとします。したがって，言い渡した○年○か月の刑から実際には○日間が差し引かれることになります。

27　保護観察の説明

（裁）　保護観察というのは，保護観察官及び保護司の指導監督によって，被告人が再び間違いを起こすことのないように手助けする制度です。普通は毎月1回以上保護司と会って，被告人の日ごろの生活について指導を受けることになります。

　　　この判決の確定後，速やかに，保護観察所に出頭して保護観察所の説明を受けてください。保護観察所では，守らなければならない事項について指示されますが，もし，この遵守事項を守らない場合には，この刑の執行猶予を取り消されることがあります。また，再び犯罪を犯して禁錮以上の刑に処せられた場合には法

ពេល ◯ ខែ ដែល ត្រូវ បាន ឡ្យូ រ នោះ ក្នុង កំឡុង ពេល ◯ ឆ្នាំ ពី ពេល នេះ ទៅ បើ សិន ជា ចុង ចោ ទ មិន ប្រ ព្រឹត្ត បទ ល្មើ ស នៅ ជ ប៉ុ ន ទេ មិន បាច់ ចូល ពន្ធ នា ការ ទេ ។

ប៉ុ ន្តែ ក្នុង កំឡុង ពេល ◯ ឆ្នាំ បើ សិន ជា ចុង ចោ ទ បាន ប្រ ព្រឹត្ត បទ ល្មើ ស ហើយ ត្រូ វ គេ ផ្ត ន្ទា ទោ ស នៅ ជ ប៉ុ ន តុលា ការ នឹង ឡុ ប ចោ ល នូ វ កំ ឡុ ង ពេល ឡ្យូ រ ទោ ស នេះ ។

ពេល នោះ ស្តី ពី កំ ឡុ ង ពេល ◯ ខែ ដែល ត្រូ វ បាន ឡ្យូ រ ទោ ស នេះ ចុង ចោ ទ ត្រូ វ ទ ទួ ល ទោ ស ជា ក់ ស្ដែ ង ។ ជា ពិ សេ ស ក្នុង ករ ណី នេះ ត្រូ វ ទ ទួ ល ទោ ស ដែល បាន ប្រ ព្រឹត្ត ថ្មី ថែ ម ទៀ ត ។ សូ ម ប្រ យ័ ត្ន យ៉ា ង ណា កុំ ឱ្យ មាន រៀ ង ប៉ែ ប នេះ កើ ត មាន ឡើ ង ។

២៦ សេចក្តី ពន្យល់ អំ ពី ចំនួន ថ្ងៃ ពី ពេល យ៉ូ ខ្លួន ដល់ ពេល ចេញ សាល ក្រម

(ចៅ ក្រម) រ ហូ ត ដល់ ពេល នេះ ចុង ចោ ទ បាន យ៉ូ ខ្លួន អ ស់ រយៈ ពេល គួ រ ស ម ហេ តុ នេះ ហើយ ចំនួ ន ◯ ថ្ងៃ នៃ កំ ឡុ ង ពេល នេះ ត្រូ វ ចា ត់ ទុ ក ជា បា ន អ នុ វ ត្ត ទោ ស រួ ច ហើ យ ។ ដូ ច្នេះ ទោ ស ចំ នួ ន ◯ ឆ្នាំ ◯ ខែ ដែល ត្រូ វ បាន ប្រ កា ស ក្នុ ង សា ល ក្រ ម នេះ ត្រូ វ បាន កា ត់ ប ន្ថ យ ចំ នួ ន ◯ ថ្ងៃ ។

២៧ សេចក្តី ពន្យល់ អំ ពី ការ ដា ក់ ក្រោ ម ការ ការ ពា រ និ ង ស ង្កេ ត មើ ល

(ចៅ ក្រម) ការ ការ ពា រ និ ង ស ង្កេ ត មើ ល គឺ ជា ប្រ ព័ ន្ធ ជួ យ កុំ ឱ្យ ចុ ង ចោ ទ ប្រ ព្រឹត្ត ខុ ស ម្ដ ង ទៀ ត តាម រ យៈ ការ ណែ នាំ និ ង ត្រូ ត ពិ និ ត្យ ដោ យ ម ន្រ្តី ការ ពា រ និ ង ស ង្កេ ត មើ ល ឬ អ្ន ក ការ ពា រ ។ តា ម ធ ម្ម តា ក្នុ ង ១ ខែ ចុ ង ចោ ទ ត្រូ វ ជួ ប នឹ ង អ្ន ក ការ ពា រ យ៉ា ង តិ ច ម្ដ ង ហើ យ ទ ទួ ល នូ វ ការ ណែ នាំ ស្តី ពី ជី វ ភា ព រ ស់ រ ប ស់ ខ្លួ ន ។

ប ន្ទា ប់ ពី សា ល ក្រ ម នេះ ចូ ល ជា ស្ថា ព រ ចុ ង ចោ ទ ត្រូ វ ទៅ ប ង្ហា ញ ខ្លួ ន នៅ ម ន្ទី រ ការ ពា រ និ ង ស ង្កេ ត មើ ល ដើ ម្បី ទ ទួ ល ការ ពន្យ ល់ ពី គេ ។ នៅ ម ន្ទី រ ការ ពា រ និ ង ស ង្កេ ត មើ ល គេ នឹ ង ប ង្គា ប់ ប្រា ប់ អំ ពី ចំ ណុ ច ដែល ត្រូ វ គោ រ ព ។ ដូ ច្នេះ បើ មិ ន គោ រ ព តា ម ចំ ណុ ច ទាំ ង នោះ ទេ អា ច មា ន ការ ឡុ ប ចោ ល ការ ព្យួ រ ការ អ នុ វ ត្ត ន៍ ទោ ស នេះ ។ ម្យ៉ា ង ទៀ ត បើ សិ ន ជា ចុ ង ចោ ទ ប្រ ព្រឹ ត្ត ប ទ ល្មើ ស ម្ដ ង ទៀ ត ហើ យ មា ន ទោ ស ជា ប់ ព ន្ធ នា ការ តា ម ផ្ល ូ វ ច្បា ប់ តុ លា ការ មិ ន អា ច ចេ ញ សា ល ក្រ ម ព្យួ រ

律上執行猶予を付けることができないので，そのよう
なことのないよう十分注意してください。

28　上訴権の告知

（裁）　この判決に不服がある場合には，控訴〈上告〉の申
立てをすることができます。その場合には，明日から
14日以内に○○高等裁判所〈最高裁判所〉あての控
訴〈上告〉申立書をこの裁判所に差し出してください。

第3章　第一審における判決主文の例

1　有罪の場合

　(1)　主刑

　　ア　基本型

　　　・　被告人を懲役〈禁錮〉1年に処する。

　　　・　被告人を罰金20万円に処する。

　　　・　被告人を拘留10日に処する。

　　イ　少年に不定期刑を言い渡す場合

　　　被告人を懲役5年以上7年以下に処する。

　　ウ　併科の場合

　　　被告人を懲役1年及び罰金20万円に処する。

　　エ　主文が2つになる場合

　　　被告人を判示第1の罪について懲役1年に，判示第
2の罪について懲役2年に処する。

　(2)　未決勾留日数の算入

　　ア　基本型

ទោសបានៀៀតៀៀយ ដូច្នេះត្រូវប្រយ័ត្នកុំឲ្យមានករណីបែបនេះកើតមានៀៀង
ៀៀត។

28 ការប្រកាសអំពីសិទ្ធិ្ប្ឌីងឧបាស្រយទៅតុលាការជាន់ខ្ពស់

(ចៅក្រម)   ក្នុងករណីដែលមិនស្រចចិត្តនឹងសាលក្រម (សាលដីកា) នេះ អាច
ប្ឌីងឧទ្ធរណ៍ (ប្ឌីងសាទុក្ក) បាន។ ក្នុងករណីនេះ សូមដាក់ពាក្យប្ឌីងឧទ្ធរណ៍
(ប្ឌីងសាទុក្ក)ទៅសាលាឧទ្ធរណ៍○ ○ (តុលាការកំពូល)ក្នុងកំឡុងពេល14ថ្ងៃ
គិតពីថ្ងៃស្អែកទៅ។

ជំពូកទី3   ឧទាហរណ៍នៃសេចក្តីសម្រេចបញ្ចប់នៃសាលក្រមនៃការជំនុំជម្រះលើកទីមួយ

1 ករណីមានទោស

(1) ទោសចំបង

ក. ប្រភេទមូលដ្ឋាន

• ដាក់ទណ្ឌកម្មចុងចោទឲ្យជាប់ពន្ធនាគារដោយបង្ខំឲ្យធ្វើការងារ(ជាប់
ពន្ធនាគារ) 1ឆ្នាំ។

• ពិន័យចុងចោទជាប្រាក់ចំនួន 20ម៉ឺនយ៉េន។

• ឃុំខ្លួនចុងចោទចំនួន10ថ្ងៃ។

ខ. ករណីប្រកាសកំឡុងពេលទណ្ឌកម្មមិនកំណត់
ដាក់ទណ្ឌកម្មចុងចោទឲ្យជាប់ពន្ធនាគារពី5ឆ្នាំ ដល់ 7ឆ្នាំ។

គ. ករណីដាក់ទណ្ឌកម្មចុងចម្រះ
ដាក់ទណ្ឌកម្មចុងចោទឲ្យជាប់ពន្ធនាគារ1ឆ្នាំ និង ពិន័យជាប្រាក់ចំនួន20ម៉ឺន
យ៉េន។

ឃ. ករណីដែលមានសេចក្តីសម្រេចបញ្ចប់ពីរ
ស្តីពីសេចក្តីសម្រេចទៅលើបទល្មើសទី1 ដាក់ពន្ធនាគារចុងចោទ1ឆ្នាំ
ហើយស្តីពីសេចក្តីសម្រេចទៅលើបទល្មើសទី2 ដាក់ពន្ធនាគារ2ឆ្នាំ។

(2) ការរាប់បញ្ចូលចំនួនថ្ងៃនៃកំឡុងពេលពីពេលឃុំខ្លួនដល់ពេលចេញសាលក្រម

ក. ទម្រង់មូលដ្ឋាន

未決勾留日数中 3 0 日をその刑に算入する。

イ　本刑が数個ある場合

未決勾留日数中 3 0 日を判示第 1 の罪の刑に算入す
る。

ウ　本刑が罰金・科料の場合

未決勾留日数中 3 0 日を，その 1 日を金 5 0 0 0 円に
換算して，その刑に算入する。

エ　刑期・金額の全部に算入する場合

・　未決勾留日数中，その刑期に満つるまでの分をそ
の刑に算入する。

・　未決勾留日数中，その 1 日を金 5 0 0 0 円に換算
してその罰金額に満つるまでの分を，その刑に算入
する。

(3)　労役場留置

ア　基本型

その罰金を完納することができないときは，金 5 0 0
0 円を 1 日に換算した期間被告人を労役場に留置する。

イ　端数の出る場合

その罰金を完納することができないときは，金 6 0 0
0 円を 1 日に換算した期間（端数は 1 日に換算する。）
被告人を労役場に留置する。

(4)　刑の全部の執行猶予

この裁判が確定した日から 3 年間その刑の執行を猶予す

រាប់បញ្ចូល៣០ថ្ងៃនៃកំឡុងពេលពីពេលឃុំខ្លួនដល់ពេលចេញសាលក្រម ទៅ
ក្នុងទណ្ឌកម្មនេះ ។

ខ.   ករណីដែលមានទោសចំបងច្រើន
រាប់បញ្ចូល៣០ថ្ងៃនៃកំឡុងពេលពីពេលឃុំខ្លួនដល់ពេលចេញសាលក្រម ទៅ
លើសេចក្តីសម្រេចនៃបទល្មើសទី១ ។

គ.   ករណីដែលទោសចំបងគឺការពិន័យ និងពិន័យជាប្រាក់តិច
គណនាបញ្ចូល៣០ថ្ងៃនៃកំឡុងពេលពីពេលឃុំខ្លួនដល់ពេលចេញសាលក្រម
ទៅលើទណ្ឌកម្មនេះ ដោយគិត១ថ្ងៃស្មើនឹង៥០០០រៀន ។

ឃ.   ករណីរាប់បញ្ចូលទៅក្នុងកំឡុងពេលនៃទណ្ឌកម្មនិងទឹកប្រាក់ទាំងស្រុង
    ·   គណនាបញ្ចូលចំនួនថ្ងៃនៃកំឡុងពេលពីពេលឃុំខ្លួនដល់ពេលចេញសាល
        ក្រមទៅលើទណ្ឌកម្មនេះ រហូតដល់គ្រប់កំឡុងពេលដែលត្រូវទទួល
        ទណ្ឌកម្មនេះ ។
    ·   គណនាបញ្ចូលចំនួនថ្ងៃនៃកំឡុងពេលពីពេលឃុំខ្លួនដល់ពេលចេញសាល
        ក្រមទៅនឹងទឹកប្រាក់ពិន័យនោះដោយគិត១ថ្ងៃ៥០០០រៀន រហូតដល់គ្រប់
        ទឹកប្រាក់ពិន័យនោះ ។

(៣)   ការឃុំខ្លួននៅកន្លែងធ្វើពលកម្ម
ក.   ប្រភេទមូលដ្ឋាន
បើសិនជាមិនអាចបង់ប្រាក់ពិន័យឱ្យបានរួចពាល់ទេ ត្រូវឃុំខ្លួនចុងចោទនៅ
កន្លែងធ្វើពលកម្ម ដោយទូទាត់នឹងតម្លៃពលកម្ម៥០០០រៀនក្នុង ១ថ្ងៃ ។

ខ.   ករណីដែលទឹកប្រាក់នៅខ្វះខ្នុយ
បើសិនជាមិនអាចបង់ប្រាក់ពិន័យឱ្យបានរួចពាល់ទេ ត្រូវឃុំខ្លួនចុងចោទនៅ
កន្លែងធ្វើពលកម្ម ដោយទូទាត់នឹងតម្លៃពលកម្ម៦០០០រៀនក្នុង ១ថ្ងៃ (បើសិនជា
ទឹកប្រាក់នៅសល់មិនគ្រប់១ថ្ងៃ ត្រូវគិតជា ១ថ្ងៃ)។

(៤)   ការព្យួរការអនុវត្តន៍ទោសទាំងអស់
ព្យួរការអនុវត្តន៍ទោសនេះកំឡុងពេល៣ឆ្នាំ គិតពីថ្ងៃដែលសាលក្រមនេះចូលស្ថា

-93-

る。

(5) 刑の一部の執行猶予の場合

　　・　被告人を懲役 3 年に処する。その刑の一部である懲
　　　　役 6 月の執行を 2 年間猶予する。

　　・　被告人を懲役 3 年に処する。その刑の一部である懲
　　　　役 6 月の執行を 2 年間猶予し，その猶予の期間中被
　　　　告人を保護観察に付する。

(6) 保護観察

　　被告人をその猶予の期間中保護観察に付する。

(7) 補導処分

　　被告人を補導処分に付する。

(8) 没収

　ア　基本型

　　　押収してある短刀 1 本（令和○○年押第○○号の 1）
　　を没収する。

　イ　偽造・変造部分の没収

　　　押収してある約束手形 1 通（令和○○年押第○○号の
　　1）の偽造部分を没収する。

　ウ　裁判所が押収していない物の没収

　　　○○地方検察庁で保管中の約束手形 1 通（令和○○年
　　○地領第○○号の 1）を没収する。

　エ　犯罪被害財産の没収

　　　○○地方検察庁で保管中の現金８００万円（令和○○

ពរ។

(5) ករណីល្បែការអនុវត្តន៍ទោសមួយភាគ

• ផ្លន្ធាទោសចុងចាទដោយដាក់ពន្ធនាគារ៣ឆ្នាំ។ ល្បែរការអនុវត្តន៍ទោស៦ខែ
ដែលជាមួយភាគនៃទោសនេះកំឡុងពេល២ឆ្នាំ។

• ផ្លន្ធាទោសចុងចាទដោយដាក់ពន្ធនាគារ៣ឆ្នាំ។ ល្បែរការអនុវត្តន៍ទោស៦ខែ
ដែលជាមួយភាគនៃទោសនេះកំឡុងពេល២ឆ្នាំ ហើយក្នុងកំឡុងពេលល្បែការ
អនុវត្តន៍ទោសនេះ ដាក់ចុងចាទឱ្យស្ថិតនៅក្រោមការការពារនិងសង្កេត
មើល។

(6) ការការពារនិងសង្កេតមើល

ក្នុងកំឡុងពេលនៃការល្បែទោសនេះ ដាក់ចុងចាទឱ្យស្ថិតនៅក្រោមការការពារ
និងសង្កេតមើល។

(7) ការចាត់ចែងធ្វើការណែនាំ

ដាក់ចុងចាទឱ្យស្ថិតនៅក្រោមការណែនាំ។

(8) ការបែអូស

ក. ទម្រង់មូលដ្ឋាន

រ បែអូសយកកាំបិតស្យៀត ១ដើម ដែលបានចាប់យកមករក្សាទុក (លេខរយ ភំ
○ ○ Ou○ ○ -1)។

ខ. រ បែអូសវត្ថុចំណែកដែលបានធ្វើភ្លែងក្លាយ ឬកែថ្លៃភ្លែងបន្លំ
រ បែអូសយកកចំណែកដែលបានកែថ្លៃភ្លែងបន្លំនៃប័ណ្ណសន្យា ១ច្បាប់ដែលបាន
ចាប់យកមករក្សាទុក (លេខរយ ភំ○ ○ Ou○ ○ -1)។

គ. ការបែអូសយកករបស់ដែលតុលាការមិនទាន់បានចាប់យកមករក្សាទុក
រ បែអូសយកប័ណ្ណសន្យា ១ច្បាប់ដែលកំពុងរក្សាទុកនៅអយ្យការអមសាលា
ដំប្បូងតំបន់ ○ ○ (លេខរយ ភំ○ ○ Chiryo○ ○ -1)។

ឃ. ការបែអូសយកទ្រព្យរងគ្រោះដោយសារឧក្រិដ្ឋកម្ម
រ បែអូសយកប្រាក់៨០០ម៉ឺនយ៉េនដែលកំពុងរក្សាទុកនៅអយ្យការអមសាលា

年〇地領第〇〇号の 1, 当該現金は犯罪被害財産) を没収する。

(9) 追徴

　ア　基本型

　　被告人から金 10 万円を追徴する。

　イ　犯罪被害財産の価額の追徴

　　被告人から金 300 万円 (当該金 300 万円は犯罪被害財産の価額) を追徴する。

(10) 被害者還付

　ア　基本型

　　押収してある本 1 冊 (令和〇〇年押第〇〇号の 1) を被害者Aに還付する。

　イ　被害者不明の場合

　　押収してある本 1 冊 (令和〇〇年押第〇〇号の 1) を被害者 (氏名不詳) に還付する。

　ウ　被害者が死亡した場合

　　押収してある本 1 冊 (令和〇〇年押第〇〇号の 1) を被害者Aの相続人に還付する。

(11) 仮納付

　　被告人に対し, 仮にその罰金に相当する金額を納付すべきことを命ずる。

(12) 訴訟費用の負担

　　・　訴訟費用は被告人の負担とする。

　　・　訴訟費用は被告人両名の連帯負担とする。

　　・　訴訟費用は, その 2 分の 1 ずつを各被告人の負担

ជំពូង ○ ○ (លេខរឿយភំ ○ ○ Chiryo ○ ○ -1, សាច់ប្រាក់នេះគឺជាទ្រព្យរងគ្រោះ ដោយសារឧក្រិដ្ឋកម្មនេះ:) ។

(9)   ការទាមទារឱ្យបង់បន្ថែម

ក.   ទម្រង់មូលដ្ឋាន

ទាមទារឱ្យចុងចោទបង់ 10 ម៉ឺនយ៉េនបន្ថែម។

ខ.   ការទាមទារឱ្យបង់បន្ថែមនូវតម្លៃនៃទ្រព្យដែលរងគ្រោះដោយសារឧក្រិដ្ឋកម្ម

ទាមទារឱ្យចុងចោទបង់ 300 ម៉ឺនយ៉េនបន្ថែម (300 ម៉ឺនយ៉េននេះគឺជាតម្លៃនៃ ទ្រព្យរងគ្រោះដោយសារឧក្រិដ្ឋកម្ម) ។

(10)   ការបង្កើលសងទៅឱ្យជនរងគ្រោះ

ក.   ទម្រង់មូលដ្ឋាន

បង្កើលសងនូវសៀវភៅ 1 ក្បាលដែលបានចាប់យកមកក្សាទុក (លេខរឿយភំ ○ ○ Ou ○ ○ -1) ទៅឱ្យជនរងគ្រោះ ឈ្មោះ A វិញ។

ខ.   ករណីដែលមិនដឹងថាអ្នកណាជាជនរងគ្រោះ

បង្កើលសងនូវសៀវភៅ 1 ក្បាលដែលបានចាប់យកមកក្សាទុក (លេខរឿយភំ ○ ○ Ou ○ ○ -1) ទៅឱ្យជនរងគ្រោះ (មិនដឹងឈ្មោះ:) វិញ។

គ.   ករណីដែលជនរងគ្រោះទទួលមរណភាព

បង្កើលសងនូវសៀវភៅ 1 ក្បាលដែលបានចាប់យកមកក្សាទុក (លេខរឿយភំ ○ ○ Ou ○ ○ -1) ទៅឱ្យសន្តិជនរបស់ជនរងគ្រោះ ឈ្មោះ A វិញ។

(11)   ការបង់ជាបណ្ណោះអាសន្ន

បង្គាប់ឱ្យចុងចោទបង់ប្រាក់ចំនួនស្មើនឹងទឹកប្រាក់ពិន័យដែលនឹងត្រូវបង់នេះជា បណ្ណោះអាសន្ន។

(12)   បន្ទុកនៃប្រាក់ប្រដាប់ក្ដី

    •   ប្រាក់ប្រដាប់ក្ដីគឺជាបន្ទុករបស់ចុងចោទ។

    •   ប្រាក់ប្រដាប់ក្ដីគឺជាបន្ទុកដោយសាមត្តិភាពរបស់ចុងចោទទាំងពីរនាក់។

    •   ចុងចោទត្រូវទទួលបន្ទុកម្នាក់ៗមួយភាគតែពីរនៃប្រាក់ប្រដាប់ក្ដីរៀងៗខ្លួន។

とする。

・　訴訟費用のうち，証人Ａに支給した分は被告人の負担とする。

・　訴訟費用中通訳人○○○○に支給した分を除き，その余の分は被告人の負担とする。

⒀　刑の執行の減軽又は免除

・　その刑の執行を懲役１年に減軽する。

・　被告人を懲役１年に処し，その刑の執行を免除する。

⒁　刑の免除

被告人に対し刑を免除する。

2　無罪・一部無罪の場合

(1)　無罪

被告人は無罪。

(2)　一部無罪

本件公訴事実中詐欺の点については，被告人は無罪。

3　その他の場合

(1)　免訴

被告人を免訴する。

(2)　公訴棄却

本件公訴を棄却する。

(3)　管轄違い

本件は管轄違い。

第４章　控訴審における判決主文の例

- ចុងចោទត្រូវទូលបន្ទុករ៉ាប់ប្រដាប់ក្លិមួយផ្សេកដែលស្មើនឹងទឹកប្រាក់ដែលបានបង់ជូនសាក្សី A ។

- ប្រាក់ប្រដាប់ក្លិគឺជាបន្ទុករបស់ចុងចោទ លើកលែងតែចំនួនទឹកប្រាក់ដែលជាចំណាយបង់ជូនអ្នកបកប្រែ ○ ○ ○ ○ ។

(13) ការសម្រាល ឬការលើកលែងការអនុវត្តន៍ទោស

- សម្រាលការអនុវត្តន៍ទោសនេះមកនៅត្រឹមជាប់ពន្ធនាគារ 1ឆ្នាំ។

- ដាក់ទោសឱ្យចុងចោទជាប់ពន្ធនាគារ 1ឆ្នាំ ហើយលើកលែងការអនុវត្តន៍ទោសនេះ។

(14) ការលើកលែងទោស

លើកលែងទោសចំពោះចុងចោទ។

2 ករណីគ្មានទោស-ករណីគ្មានទោសមួយភាគ

(1) គ្មានទោស

ចុងចោទគ្មានទោសទេ។

(2) គ្មានទោសមួយភាគ

ក្នុងចំណោមអង្គហេតុនៃរឿងក្លិនេះ ស្ដីពីចំណុចពាក់ព័ន្ធនឹងការនថបាក ចុងចោទគ្មានទោសទេ។

3 ករណីក្រៅពីនេះ

(1) ការបញ្ជាប់បណ្ដឹងអាជ្ញាដោយមិនធ្វើការវិនិច្ឆ័យ

បញ្ជាប់បណ្ដឹងអាជ្ញាពាក់ព័ន្ធនឹងចុងចោទដោយមិនធ្វើការវិនិច្ឆ័យ។

(2) ការច្រានចោលនូវបណ្ដឹងអាជ្ញា

ច្រានចោលបណ្ដឹងអាជ្ញានេះ។

(3) ភាពខុសសមត្ថកិច្ច

រឿងក្លិនេះខុសសមត្ថកិច្ច។

ជំពូកទី4   ឧទាហរណ៍នៃសេចក្ដីសម្រេចបញ្ជាប់នៃសាលដីកានៃការជំនុំជម្រះបណ្ដឹងឧទ្ធរណ៍

1 控訴棄却・破棄

(1) 控訴棄却

- ・ 本件控訴を棄却する。
- ・ 本件各控訴を棄却する。
- ・ 本件控訴中被告人○○に関する部分を棄却する。

(2) 破棄自判

- ・ 原判決を破棄する。被告人を懲役○年○月に処する。

- ・ 原判決中有罪部分を破棄する。被告人は無罪。

- ・ 被告人らに対する各原判決を破棄する。被告人Aを懲役1年に，被告人Bを懲役6月にそれぞれ処する。
- ・ 原判決中被告人○○に関する部分を破棄する。被告人○○を懲役3年に処する。

(3) 破棄差戻し

原判決を破棄する。本件を○○地方裁判所に差し戻す。

(4) 破棄移送

原判決を破棄する。本件を○○地方裁判所に移送する。

2 未決勾留日数の算入

- ・ 当審における未決勾留日数中○○日を原判決の刑に算入する。
- ・ 原審における未決勾留日数中○○日をその刑に算入する。

3 訴訟費用の負担

1 ការព្រានចោលនូវបណ្ដឹងឧទ្ធរណ៍ និង ការបដិសេធចោល

   (1) ការព្រានចោលនូវបណ្ដឹងឧទ្ធរណ៍

- ព្រានចោលនូវបណ្ដឹងឧទ្ធរណ៍នៃរឿងក្ដីនេះ ។

- ព្រានចោលនូវបណ្ដឹងឧទ្ធរណ៍នីមួយៗនៃរឿងក្ដីនេះ ។

- ព្រានចោលនូវបណ្ដឹងឧទ្ធរណ៍ដែលលាកពាក់ព័ន្ធនឹងចុងចោទ ◯ ◯ នៃរឿងក្ដីនេះ ។

   (2) ការបដិសេធចោលនូវសាលក្រមដើម ហើយវិនិច្ឆ័យដោយខ្លួនឯង

- បដិសេធចោលនូវសាលក្រមដើម ។ ដាក់ទោសចុងចោទឲ្យជាប់ពន្ធនាគារ ចំនួន ◯ ឆ្នាំ ◯ ខែ ។

- បដិសេធចោលនូវផ្នែកដែលមានទោសក្នុងសាលក្រមដើម ។ ចុងចោទគ្មានទោសទេ ។

- បដិសេធចោលនូវសាលក្រមដើមនីមួយៗចំពោះចុងចោទទាំងអស់ ។ ដាក់ទោសឲ្យចុងចោទ A ជាប់ពន្ធនាគារចំនួន1ឆ្នាំ ហើយចុងចោទ B ចំនួន6ខែ ។

- បដិសេធចោលនូវផ្នែកដែលលាកពាក់ព័ន្ធនឹងចុងចោទ ◯ ◯ នៃសាលក្រមដើម ។ ដាក់ទោសចុងចោទ ◯ ◯ ឲ្យជាប់ពន្ធនាគារចំនួន3ឆ្នាំ ។

   (3) ការបដិសេធចោល ហើយបញ្ជូនត្រឡប់ទៅតុលាការដើមវិញ

បដិសេធចោលនូវសាលក្រមដើម ។ បញ្ជូនរឿងក្ដីនេះទៅសាលាដំបូង ◯ ◯ វិញ ។

   (4) ការបដិសេធចោលនូវសាលក្រមដើម ហើយផ្ទេររទៅ

បដិសេធចោលនូវសាលក្រមដើម ។ ផ្ទេររឿងក្ដីនេះទៅសាលាដំបូង ◯ ◯ ។

2 ការគណនាបញ្ចូលនូវចំនួនថ្ងៃពីពេលឃុំខ្លួនដល់ពេលចេញសាលក្រម

- គណនាបញ្ចូលចំនួន ◯ ◯ ថ្ងៃនៃចំនួនថ្ងៃពីពេលឃុំខ្លួនដល់ពេលចេញសាលក្រមដើម ។ នៃការជំនុំជម្រះនេះ ទៅក្នុងទោសនៃសាលក្រមដើម ។

- គណនាចំនួន ◯ ◯ ថ្ងៃនៃចំនួនថ្ងៃពីពេលឃុំខ្លួនដល់ពេលចេញសាលក្រមនៃការជំនុំជម្រះដើម ទៅក្នុងទោសនោះ ។

3 បន្ទុកនៃប្រាក់ប្រដាប់ក្ដី

- 当審における訴訟費用中通訳人〇〇〇〇に支給した分を除き，その余の分は被告人の負担とする。
- 原審における訴訟費用中証人〇〇〇〇に支給した分は，被告人の負担とする。

第5章　第一審における判決理由

1　罪となるべき事実

(1)　不正作出支払用カード電磁的記録供用罪及び窃盗罪の例

「被告人は，Ａ名義のキャッシュカードを構成する人の財産上の事務処理の用に供する電磁的記録を不正に作出して構成されたＢ名義のキャッシュカードの外観を有する不正電磁的記録カード1枚を使用して，金員を窃取しようと企て，令和〇〇年6月12日午前11時30分ころ，東京都杉並区西荻窪4丁目2番5号所在のＣ銀行西荻窪支店において，前後2回にわたり，人の財産上の事務処理を誤らせる目的で，上記カードを同所設置の現金自動預払機に挿入させて同カードの電磁的記録を読み取らせて同機を作動させ，同カードの電磁的記録を人の財産上の事務処理の用に供するとともに，同機からＣ銀行西荻窪支店長管理に係る現金50万円を引き出して窃取したものである。」

(2)　殺人罪の例（確定的故意の場合）

「被告人は，Ａ（当時62歳）に雇われ，東京都江東区山中町5丁目2番4号所在の同人方に住み込んでいたものであるが，被告人が通行人に罵声を浴びせたのを前記Ａから叱責されて口論のあげく激高し，とっさに，同人を殺害

- ប្រាក់ប្រដាប់ក្តីក្នុងការជំនុំជម្រះនេះ គឺជាបន្ទុករបស់ចុងចោទ លើកលែងតែ
សោហ៊ុយដែលបានបង់ឱ្យអ្នកបកប្រែ ○ ○ ○ ○ ។

- សោហ៊ុយដែលបានបង់ឱ្យអ្នកបកប្រែ ○ ○ ○ ○ ក្នុងចំណោមប្រាក់ប្រដាប់ក្តីនៃ
ការជំនុំជម្រះដើម គឺជាបន្ទុករបស់ចុងចោទ ។

ជំពូកទី5 ការសំអាងហេតុនៃសាលក្រមនៃការជំនុំជម្រះលើកទីមួយ

1 អង្គហេតុដែលត្រូវមានទោស

(1) ឧទាហរណ៍នៃទោសផ្ទាល់កំណត់អេឡិកត្រូម៉ាញេទិកនៃកាតសម្រាប់បង់ដោយ
ខុសច្បាប់ និងទោសលួច

"នៅថ្ងៃទី12 ខែមិថុនា ឆ្នាំរយវ៉ា ○ ○ វេលាម៉ោងប្រហែល11កន្លះ នៅធនាគារ
C សាខាNishi Ogikubo ដែលមានអាសយដ្ឋាន 4-2-5 Nishi Ogikubo,
Suginami-ku, Tokyo ចុងចោទបានប្រើកាតដែលមានកំណត់ម៉ាញេទិកខុស
ច្បាប់ 1សន្លឹក ដែលមានទម្រង់ខាងក្រៅជាកាតធនាគាររបស់ឈ្មោះ B ហើយដែល
មានការកត់ត្រាមិនត្រឹមត្រូវនូវកំណត់ម៉ាញេទិកសម្រាប់ប្រើក្នុងការចាត់ចែងរដ្ឋ
បាលស្តីពីទ្រព្យរបស់អ្នកដែលមានឈ្មោះក្នុងកាតធនាគារដែលមានឈ្មោះ A ក្នុង
គោលបំណងលួចប្រាក់ ហើយបានប្រើកាតនោះ៖ពីរដង ដោយសិកចូលក្នុងម៉ាស៊ីន
ដកប្រាក់ដែលមាននៅកន្លែងនោះ ក្នុងគោលបំណងចាត់ចែងទ្រព្យរបស់អ្នកដទៃ
ដោយខុសច្បាប់ ធ្វើឱ្យម៉ាស៊ីននោះ៖អានកំណត់ម៉ាញេទិកក្នុងកាតនោះ៖ ហើយបាន
លួចដកយកប្រាក់ចំនួន 50ម៉ឺនយ៉េន ដែលគ្រប់គ្រងដោយប្រធានសាខាNishi
Ogikubo នៃធនាគារ C នោះ៖ ពីម៉ាស៊ីននោះ៖ ។"

(2) ឧទាហរណ៍នៃបទឃាតកកម្ម (ករណីមានចេតនាស្លាប)

"ចុងចោទត្រូវបាន A (ពេលនោះ៖ មានអាយុ62ឆ្នាំ) យកធ្វើការ ហើយរស់នៅ
ជាមួយគាត់នៅអាសយដ្ឋាន 5-2-4 Yamanaka-machi, Koto-ku, Tokyo តែ
ចុងចោទបានស្រេកជេរអ្នកដើរកាត់ ហើយធ្វើឱ្យ A ស្តីបន្ទោស ដែលធ្វើឱ្យមាន
ជម្លោះខ្លាំងរវាងចុងចោទនិង A ហើយចុងចោទក៏សម្រេចចិត្តសម្លាប់ A ភ្លាម។

しようと決意し，令和○○年3月8日午後7時ころ，同人
方6畳間の押し入れの中から刃体の長さ13センチメート
ルのくり小刀を持ち出して携え，同所において，左手で前
記Aの襟首をつかんで引き寄せながら，右手に持っていた
前記くり小刀で同人の左胸部を突き刺し，同人がその場か
ら逃げ出すや，追跡して同人方前路上でこれに追い付き，
同所において，更に前記くり小刀で同人の左背部を突き刺
し，よって，同人をして心臓刺切に基づく失血により即死
させて殺害したものである。」

(3) 殺人罪の例（未必的故意の場合）

「被告人は，かねて，東京都千代田区山中2丁目8番9
号所在のスナック「甲」の店員A（当時30歳）から軽蔑
の目でみられていることに憤まんの情を抱いていたところ，
令和○○年8月7日午後1時30分ころ，前記「甲」にお
いて，客として，前記Aにビールを注文したにもかかわら
ず，同人から「今日は帰れ。」と断られた上，刺身包丁を
示され，「刺すなら刺してみろ。」と言われ，小心者と馬
鹿にされたものと激高し酒の酔いも加わった勢いから，と
っさに，同人が死亡する危険性が高い行為と分かっていな
がら，持ち合わせていた登山用ナイフ（刃体の長さ10セ
ンチメートル）で，同人の右下腹部を1回突き刺し，よっ
て同月8日午前2時5分ころ，同区北川5丁目8番8
号乙病院において同人を右腎等刺切による失血のため死亡
させ，もって，同人を殺害したものである。」

(4) 傷害罪の例

ពេលនោះ ហើយនៅថ្ងៃទី8 ខែមិនា ឆ្នាំរយក៏○○ រវាម៉ោង៧ស្ងាច ចុងចោទ
បានចូលទៅក្នុងកន្លែងដាក់ពួកខ្ទើយនៃបន្ទប់6កន្លែលរបស់ A យកកូនកាំបិត
ប្រវែង 13cm មក ហើយទៅទាញកអារ A ដោយដៃឆ្វេង នៅទីនោះ ហើយយក
កាំបិតដែលបានកាន់នៅដៃស្ដាំ ចាក់ឆ្នៀងខាងឆ្វេងរបស់ A ។ ពេលនោះ A ក៏បាន
រត់ចេញទៅផ្លូវខាងមុខឡះ តែចុងចោទបានរេញតាមទាន់នៅលើផ្លូវខាងមុខឡះ
នោះ ហើយក៏បានចាក់ដោយកូនកាំបិតចំខ្នងខាងឆ្វេងរបស់ A រហូតដល់បេះដូង
បណ្ដាលឱ្យណាមខ្លាំង រហូតដល់ស្លាប់យ៉ាងភ្លាមៗ។

(3)   ឧទាហរណ៍នៃបទឃាតកម្ម (ករណីអចេតនា ឬយថាហេតុ)

"ពីមុនមក ចុងចោទមានអារម្មណ៍មិនសប្បាយចិត្ត ដោយសារតែឈ្មោះ A(ពេល
នោះ មានអាយុ30ឆ្នាំ) ដែលធ្វើការនៅហាងស្រា X ស្ថិតនៅអាសយដ្ឋាន 2-8-9
Yamanaka, Chiyoda-ku, Tokyo បានមើលងាយខ្លួន ហើយនៅថ្ងៃទី7 ខែ
សីហា ឆ្នាំរយក៏○○ ខ្លង់ម៉ោង1កន្លះស្ងាច ពេលនោះ ចុងចោទបានទៅហាង X
ហើយកុមួងបីវរ តែ A បាននិយាយថា ថ្ងៃនេះត្រទ្បប់ទៅវិញទៅ ថែមទាំងបាន
បង្ខាញកាំបិតវែងសម្រាប់កាត់ត្រីឱ ដោយនិយាយថា បើហានចាក់ៗលមើល ពេល
នោះចុងចោទខឹងយ៉ាងខ្លាំង ហើយដោយសារតែស្រវឹងផង ចុងចោទក៏យកកាំបិត
ប្រើសម្រាប់ឡេីងភ្លុំដែលយកមកតាមខ្លួន (ផ្លែកាំបិតប្រវែង10សង់ទីម៉ែត្រ) ទៅចាក់
ក្រោមពោះខាងស្ដាំរបស់ A មួយកាំបិតទោះដឹងថា អាចបង្ករគ្រោះថ្នាក់ធ្ងន់រហូត
ដល់ស្លាប់ក៏ដោយ។ នៅថ្ងៃទី8 ខែឆ្នាំដដែលនោះ រវាម៉ោង2និង5នាទីអាត្រាត នៅ
មន្ទីរពេទ្យ Y ស្ថិតនៅអាសយដ្ឋាន 5-8-8 Kitagawa, សង្កាត់ដដែល A បាន
ទទួលមរណភាពដោយសារចេញណាមច្រើនពីមុខរបួសនៃក្រលៀនខាងស្ដាំ ជា
ដើមៗ ដូច្នេះ ចាត់ទុកថា ចុងចោទបានធ្វើឃាត A នេះ។"

(4)   ឧទាហរណ៍នៃទោសបង្គរឱ្យរបួស

-- 105 --

「被告人は，令和○○年 9 月 2 日午後 1 時 5 分ころ，横浜市港南区日野南 3 丁目 6 番 17 号先路上で，通行中の A（当時 62 歳）に「おまえ，どこを歩いとるんじゃ。」などと因縁をつけ，こぶしでその顔を 2 回殴って転倒させ，その上に馬乗りになって更にその顔をこぶしで数回殴った。この暴行により，A に約 5 日間の加療を要する右肘部挫滅傷，顔面挫滅傷の傷害を負わせたものである。」

(5)　窃盗罪（万引）の例

　　「被告人両名は，共謀の上，令和○○年 3 月 4 日午後零時 45 分ころ，東京都豊島区北山町 1 番 2 号株式会社甲池袋店において，同店店長 A 管理のシャープペンシル 38 本など合計 84 点（定価合計 3 万 0850 円相当）を窃取したものである。」

(6)　窃盗罪（すり）の例

　　「被告人両名は，共謀の上，令和○○年 3 月 4 日午後 4 時 54 分ころ，東京都台東区山下町 1 番 2 号付近路上で，被告人 X において，通行中の A（当時 30 歳）が右肩に掛けていたショルダーバッグ内から，同人所有の現金 4 万 3759 円及びキャッシュカード等 6 点在中の札入れ 1 個（時価約 1 万円相当）を抜き取って，これを窃取したものである。」

(7)　強盗致死罪の例

　　「被告人は，遊興費欲しさとうっ憤晴らしのために，適当な相手を見つけて袋だたきにして所持金等を強取しよう

"នៅថ្ងៃទី2 ខែកញ្ញា ឆ្នាំរយរ៉ំ◯◯ ខ្ពង់ម៉ោង1និង5នាទីរសៀល នៅលើផ្លូវស្ងួត នៅអាសយដ្ឋាន 3-6-17 Hino-Minami, Konan-ku, Yokohama-shi ចុង ចោទបានកកៀងអ្នកដើរកាត់កន្លែងនោះឈ្មោះ A (ពេលនោះ មានអាយុ62ឆ្នាំ) ដោយនិយាយថា ណែ! អានេះ ដើរកន្លែងណាហ្នឹង! ហើយក៏រវាយអ្នកនោះដោយ កណ្ដាប់ដៃ 2ដង ចំមុខ ធ្វើឱ្យអ្នកនោះដួលលើផ្លូវ ថែមទាំងឡើងជិះលើអ្នកនោះ ហើយវាយចំមុខអ្នកនោះដោយកណ្ដាប់ដៃប៉ុន្មានដងទៀតា តាមរយៈការវាយ ប្រហារនេះ ចុងចោទបានធ្វើឱ្យ A រងរបួសយ៉ាងធ្ងន់នៅកែងដៃស្តាំ និងចំមុខ ដែល ចាំបាច់ព្យាបាលអស់រយៈពេល5ថ្ងៃ។"

(5) ឧទាហរណ៍នៃទោសលួច(លួចទំនិញតាមហាង)

"នៅថ្ងៃទី4 ខែមីនា ឆ្នាំរយរ៉ំ◯◯ ខ្ពង់ម៉ោង0 និង45នាទីរសៀល ចុងចោទ ទាំងពីរនាក់ បានរួមគំនិតគ្នាលួចខោដែលចុចចំនួន38ដើម ជាដើម ដែលមានសរុប ទាំងអស់84មុខ (តម្លៃសរុបស្មើនឹង 30,850យ៉ែន) នៅហាងសាខា Ikebukuro នៃក្រុមហ៊ុនX ស្ថិតនៅអាសយដ្ឋាន1-2 Kitayama-machi,Toshima-ku, Tokyo ដែលគ្រប់គ្រងដោយប្រធានសាខាឈ្មោះ A។"

(6) ឧទាហរណ៍នៃទោសលួច (ឆក់)

"នៅថ្ងៃទី4 ខែមីនា ឆ្នាំរយរ៉ំ◯◯ រវាម៉ោង 4និង54នាទីល្ងាច នៅលើផ្លូវម៉ុំ អាសយដ្ឋាន 1-2 Yamashita-cho, Taito-ku, Tokyo ចុងចោទទាំងពីរនាក់ បានរួមគំនិតគ្នា ដោយឱ្យចុងចោទ X ទៅដកហូតយកកូនកាបូប1 (តម្លៃទឹកប្រាក់ ប្រហែល1ម៉ឺនយ៉ែន) ដែលមានប្រាក់ចំនួន 43,759យ៉ែន និងកាតធនាគារជាដើម ចំនួន6មុខ ដែលនៅក្នុងកាបូបស្ពាយស្មា ដែលអ្នកដើររឈ្មោះ A (ពេលនោះ មាន អាយុ30ឆ្នាំ) កំពុងស្ពាយនៅស្មាខាងស្ដាំ។"

(7) ឧទាហរណ៍នៃទោសឆ្លន់បង្ករឱ្យស្លាប់

"ដោយសារតែចង់លេងសប្បាយ និងបន្ទូរចិត្តក្តៅក្រហាយរបស់ខ្លួន នៅថ្ងៃទី3 ខែធ្នូ ឆ្នាំរយរ៉ំ◯◯ រវាម៉ោងខ្ពង់3 និង10នាទីអាធ្រាត នៅលើផ្លូវម៉ុំអាសយដ្ឋាន

と考え，A，Bと共謀の上，令和〇〇年12月3日午前3時10分ころ，さいたま市大宮区高鼻町14番1号付近の路上において，たまたま通りかかったC（当時20歳）に対し，被告人，A，Bにおいてこもごも，その顔面，頭部，腹部等を多数回にわたってこぶしで殴り，力一杯蹴り付けるなどの暴行を加えた上，Aにおいて，抵抗できなくなったCからその所有する現金3万2000円くらいが入った財布1個を奪い取ったが，その際前記各暴行によって，Cに対し左側急性硬膜下血腫，脳挫傷，外傷性くも膜下血腫の傷害を負わせ，同月13日午後4時12分ころ，さいたま市大宮区盆栽町2丁目3番2号甲病院において，それらの傷害により同人を死亡させたものである。」

(8) 詐欺罪の例

「被告人は，不正に入手した甲カード株式会社発行のA名義のクレジットカードを使用してその加盟店から商品をだまし取ろうと企て，令和〇〇年4月5日午前11時15分ころ，東京都中央区中村町3番先乙ショッピングセンター1階株式会社丙銀座店において，同店店長Bに対し，代金支払の意思及び能力がないのに，自己がクレジットカードの正当な使用権限を有するAであって，クレジットカードシステムによって代金の支払をするもののように装い，前記クレジットカードを提示してスーツ等3点の購入を申し込み，前記Bをしてその旨誤信させ，よって即時同所において，同人からスーツ等3点（価格合計7万3700円相当）の交付を受けてこれをだまし取ったものである。」

14-1 Takahana-machi, Omiya-ku, Saitama-shi ចុងចោទបានរួមគំនិត
នឹង A និង B រកមើលអ្នកណាដែលអាចហ៊ុំព័ទ្ធធ្វើទុកបុកម្នេញ នកយកលុយបាន
ហើយឪជាពេលនោះ C (ពេលនោះ មានអាយុ20ឆ្នាំ) បានដើរកាត់កន្លែងនោះ ចុង
ចោទ និង A ព្រមទាំង B បានរួមដែគ្នាវ៉ៃមុខ ក្បាល ព្រោះ ជាអាទ៌របស់ C នោះ
ថែមទាំងទាត់ជាក់យាំងធ្ងន់ធ្ងរ ធ្វើមិនឲ្យ C តដែបាន ហើយ A ថែមទាំងបាននក់
យកកាបូប 1 របស់ C ដែលមិនអាចតដែបាន ហើយដែលមានប្រាក់ចំនួន 32,000
យ៉េនក្នុងកាបូបនោះ ។ ដោយសារតែអំពើទាំងនេះ C ក៏បានរងគ្រោះដោយចេញ
ណាមក្រោមលលាដ៍ក្បាល ជាំខួរក្បាល ណាមក្នុងខួរក្បាលដោយសាររបួសពីក្រៅ
ហើយ C បានទទួលមរណភាពនៅមន្ទីរពេទ្យX ដែលមានអាសយដ្ឋាន 2-3-2
Bonsai-cho, Omiya-ku, Saitama-shi នៅថ្ងៃទី13 ខែដដែល វេលាខ្ទង់ម៉ោង
4និង12នាទីល្ងាច ។"

(8)   ឧទាហរណ៍នៃទោសបោក

"នៅថ្ងៃទី5 ខែមេសា ឆ្នាំរយកំ○○ វេលាខ្ទង់ម៉ោង11 និង15នាទីព្រឹក នៅជាន់
ទី1នៃហាងទំនើបY របស់ក្រុមហ៊ុនZ សាខាហ៊ីនហ្សា ម៉ុំអាសយដ្ឋាន 3
Nakamura-cho, Chuo-ku, Tokyo ចុងចោទបានប្រើប័ណ្ណឥណទានរបស់
ឈ្មោះ A ដែលចេញដោយក្រុមហ៊ុន X ដែលបានមកដោយខុសច្បាប់ ដើម្បីនបោក
ទិញទំនិញពីហាងដែលមានសមាជិកភាពនៃប័ណ្ណឥណទាននោះ ។ ចុងចោទគ្មាន
គំនិត និងគ្មានសមត្ថភាពបង់ថ្លៃទិញនោះ ចំពោះប្រធានហាងឈ្មោះ B ទេ តែបាន
ប្រើប័ណ្ណឥណទានដែលជារបស់ឈ្មោះ A ចង់បង់ថ្លៃទិញភាមប្រព័ន្ធប័ណ្ណឥណទាន
ហើយទិញអាវំ 3កំផ្លេ ដែលធ្វើឲ្យ B បញ្ចានទិន្នន័យច្រឡំ ហើយបានប្រគល់អាវ
ំ ជាដើម បីកំផ្លេនោះ ទៅឲ្យចុងចោទ (តម្លៃសរុប 73,700យ៉េន)។"

(9)　覚醒剤取締法違反罪の例

　　「被告人は，法定の除外事由がないのに，令和〇〇年4
　月5日午後6時30分ころ，山中市山田町3番6号の
　被告人方において，覚醒剤であるフェニルメチルアミノプ
　ロパンの塩類若干量を含有する水溶液を自己の身体に注射
　し，もって，覚醒剤を使用したものである。」

(10)　大麻取締法違反罪の例

　　「被告人は，みだりに，大麻を輸入しようと企て，大麻
　草70.94グラム（種子を含む）を自己の着用する両足
　靴下底にそれぞれ隠匿携帯した上，〇〇〇〇年5月3日（現
　地時間），A国〇〇国際空港から〇〇航空017便の航空
　機に搭乗し，令和〇〇年5月4日午後零時30分ころ千
　葉県成田市所在の成田国際空港に到着し，大麻を身につけ
　たまま同航空機から本邦に上陸し，もって，本邦内に大麻
　を輸入したものである。」

(11)　麻薬及び向精神薬取締法違反罪の例

　　「被告人は，みだりに，令和〇〇年6月10日午後6
　時ころ，東京都千代田区田中町3番1号の被告人方洋服
　ダンス内に麻薬である塩酸ジアセチルモルヒネの粉末約
　10グラムを所持したものである。」

(12)　売春防止法違反罪の例

　　「被告人は，売春をする目的で，令和〇〇年10月8日
　午後11時20分ころから同日午後11時45分ころまで
　の間,横浜市港北区新横浜町2丁目5番10号喫茶店「甲」

(9)   ឧទាហរណ៍នៃទោសល្មើសច្បាប់ស្ដីពីការគ្រប់គ្រងថ្នាំអាហ្វ្គានីន

"នៅថ្ងៃទី5 ខែមេសា ឆ្នាំរយរ៉ា○○ វេលាខ្ពង់ម៉ោង6កន្លះ ល្ងាច ចុងចោទបាន
ប្រើថ្នាំហ្គេនីលមេទិលអាមីណាប្រៃហ្គាន បន្តិចបន្តួច ដោយប្រើសេរាំងចាក់ចូលក្នុងខ្លួន
នៅផ្ទះរបស់ខ្លួនដែលមានអាសយដ្ឋាន 3-6 Yamada-cho,Yamanaka-shi
ដោយគ្មានមូលហេតុលើកលែងពិសេសកំណត់ដោយច្បាប់សោះ ដូច្នេះ ចុងចោទ
បានប្រើថ្នាំអាហ្វ្គានីន ។"

(10)   ឧទាហរណ៍នៃទោសល្មើសច្បាប់ស្ដីពីការគ្រប់គ្រងកញ្ញា

"ចុងចោទមានគំនិតនាំកញ្ញាចូល ដោយគ្មានហេតុផលសមរម្យ ដោយបានលាក់
ស្ងីកកញ្ញា 70.94gr (រួមទាំងគ្រាប់) នៅក្នុងស្រោមជើងទាំងសងខាងរបស់ខ្លួន
ហើយបានឡើងយន្តហោះលេខ 017 របស់ក្រុមហ៊ុនអាកាសចរណ៍○○ ពីអាកាស
យានដ្ឋានអន្តរជាតិនៃប្រទេស A នៅថ្ងៃទី3 ខែឧសភា ឆ្នាំ○○○○ (ម៉ោងនៅទី
កន្លែងនោះ) ហើយបានមកដល់អាកាសយានដ្ឋានអន្តរជាតិ Narita ដែលមាន
អាសយដ្ឋាននៅ Narita-shi Chiba-ken នៅថ្ងៃទី4 ខែឧសភា ឆ្នាំរយរ៉ា○○
វេលាខ្ពង់ម៉ោង0និង30នាទីល្ងាច ដោយបានលាក់កញ្ញានោះ ចុះពីយន្តហោះ ចូល
ប្រទេសជប៉ុន ដូច្នេះ ចុងចោទបាននាំកញ្ញាចូលប្រទេសជប៉ុន ។"

(11)   ឧទាហរណ៍នៃទោសល្មើសច្បាប់ស្ដីពីការគ្រប់គ្រងគ្រឿងញៀននិងថ្នាំដាស់សតិ
        អារម្មណ៍

"នៅថ្ងៃទី10 ខែមិថុនា ឆ្នាំរយរ៉ា○○ វេលាខ្ពង់ម៉ោង6ល្ងាច ចុងចោទបានទុក
ថ្នាំម្សៅ diacetylmorphine hydrochloride ដែលជាគ្រឿងញៀន ប្រហែល10
ក្រាម នៅក្នុងទូខោអាវនៅក្នុងផ្ទះរបស់ចុងចោទនៅអាសយដ្ឋាន 3-1
Tanaka-cho, Chiyoda-ku, Tokyo ដោយគ្មានហេតុផលសមរម្យ ។"

(12)   ឧទាហរណ៍នៃទោសល្មើសច្បាប់ស្ដីពីការប្រឆាំងនឹងពេស្យាចារ

"នៅថ្ងៃទី8 ខែតុលា ឆ្នាំរយរ៉ា○○ ពីខ្ពង់ម៉ោង11និង20នាទីយប់ រហូតដល់ខ្ពង់
ម៉ោង11និង45នាទីយប់ថ្ងៃដែល ចុងចោទបានដើរឬឈររកា ពីមុំកៀនហាងX
ហ្គេX ស្ថិតនៅអាសយដ្ឋាន 2-5-10 Shinyokohama-cho, Kohoku-ku,

横付近から同区同町2丁目2番4号乙銀行新横浜支店前に至る間の路上をうろつき，あるいは立ち止まるなどし，もって，公衆の目にふれるような方法で客待ちをしたものである。」

(13) 過失運転致傷罪の例

「被告人は，令和○○年9月12日午前9時30分ころ，普通乗用自動車を運転し，東京都武蔵野市吉祥寺東町31番地付近道路先の左方に湾曲した道路を荻窪方面から三鷹方面に向かい時速約50キロメートルで進行していた。こういった場合，自動車運転者としては前方を注視し，ハンドル操作を正しく行って進路を適正に保って進行すべき自動車運転上の注意義務がある。しかしながら，被告人は足元に落とした地図を拾うのに気を奪われたためこの注意義務に違反して，前方注視を欠き，ハンドルから一瞬手を離したまま，時速約50キロメートルで進行するという過失を犯した。このため，車は対向車線に進入して，対面進行してきたA運転の大型貨物自動車の右側面に衝突した上，その衝撃で更に前方に進出して，A運転車両の後方から進行してきたB（当時55歳）運転の普通貨物自動車の右前部に衝突した。その結果，Bに加療約200日間を要する右股関節脱臼骨折の傷害を負わせたものである。」

(14) 銃砲刀剣類所持等取締法違反罪の例

「被告人は，法定の除外事由がないのに，令和○○年6月7日午後7時ころ，横浜市田中町1丁目2番3号付近路上に停車していた自己所有の普通乗用自動車内において，

Yokohama-shi ដល់មុខសាខា Shin Yokohama នៃធនាគារ Y ស្ថិតនៅ អាសយដ្ឋាន 2-2-4 យុំជដែលនោះ ក្នុងគោលបំណងពេស្យាចារ ដូច្នេះ គឺជាវិធីចាំ ក្បៀរឲ្យគេឃើញតាមសាធារណៈ។

(13) ឧទាហរណ៍នៃទោសបើកបររថេសប្រហែសបង្កឱ្យរបួស
        "នៅថ្ងៃទី12 ខែកញ្ញា ឆ្នាំរយរ៉ំ◌◌ វេលាខ្ពង់ម៉ោង9កន្លះព្រឹក ចុងចោទបាន បើករថយន្តធម្មតា ក្នុងល្បឿនន50គីឡូម៉ែត្រក្នុងមួយម៉ោង លើផ្លូវកោងទៅឆ្វេង ម៉ុំ អាសយដ្ឋាន 31 Higashi-machi, Kichijouji, Musashino-shi, Tokyo ពី Ogikubo ឆ្ពោះទៅ Mitaka។ ក្នុងករណីបែបនេះ អ្នកបើករថយន្តត្រូវមើលដោយ ប្រយ័ត្នទៅខាងមុខ ហើយកាន់ចង្កូតឲ្យបានត្រឹមត្រូវ រក្សាផ្លូវឲ្យសមស្រប។ ក៏ប៉ុន្តែ ចុងចោទបានធ្វើធ្លាក់ដែននៅទៅក្រោមជើង ហើយរវល់តែរកមើលដែននៃ ដូច្នេះបាន ធ្វើដួយនឹងកាតព្ទកិច្ចរបស់ខ្លួន មិនមើលទៅខាងមុខ ថែមទាំងបានដកដៃពីចង្កូត មួយភ្លេតរៀត ហើយរថយន្តមានល្បឿនន50គីឡូម៉ែត្រក្នុងមួយម៉ោង ដែលជាការ ធេសប្រហែស។ ពេលនោះ មានរថយន្តជុនធំមួយ ដែលបើកបរដោយ A មកពីខាង មុខ ក៏ទៅបុករថយន្តធំនោះពីស្តាំ ហើយក៏បរទៅមុខរៀត បុកពីមុខខាងស្តាំនៃរថ យន្តដឹកទំនិញធម្មតាដែលបើកដោយ B (ពេលនោះ មានអាយុ55ឆ្នាំ) នៅពីក្រោយ រថយន្តរបស់ A។ ជាលទ្ធផល B បានរងរបួសបាក់ឆ្អឹងត្រកៀកស្តាំ ដែលតម្រូវឲ្យ តាត់ចូលគេងពេទ្យអស់រយៈពេល 200ថ្ងៃ។"

(14) ឧទាហរណ៍នៃទោសល្មើសច្បាប់ស្តីពីការគ្រប់គ្រងកាំភ្លើងដារអាវុធជាអាទ៍
        "នៅថ្ងៃទី7 ខែមិថុនា ឆ្នាំរយរ៉ំ◌◌ វេលាខ្ពង់ម៉ោង7ល្ងាច ចុងចោទបានចតរថ យន្តនៅលើផ្លូវម៉ុំអាសយដ្ឋាន 1-2-3 Tanaka-machi, Yokohama-shi ហើយ នៅក្នុងរថយន្តនោះ ចុងចោទបានរក្សាទុកនូវកាំភ្លើងវ៉្វលវ័រ 1ដើម ព្រមទាំងមាន

- 113 -

回転弾倉式けん銃 1 丁をこれに適合する実砲 19 発と共に保管して所持したものである。」

(15)　出入国管理及び難民認定法違反罪の例

　　「被告人は，○○国国籍を有する外国人であり，令和○○年 3 月 10 日，同国政府発行の旅券を所持して，千葉県成田市所在の成田国際空港に上陸し，我が国に入国したが，在留期間が令和○○年 4 月 10 日までであったのに，その日までに在留期間の更新又は変更を受けないで我が国から出国せず，令和○○年 5 月 11 日まで，神奈川県大和市大和町 2 丁目 149 番地に居住し，もって，在留期間を経過して不法に本邦に残留したものである。」

(16)　教唆の例（窃盗）

　　「被告人は，令和○○年 3 月 4 日午後 2 時ころ，東京都千代田区北山町 3 番 6 号A方前路上において，Xに対し，「明日はこの家は留守になる。裏の戸はいつも開いているから，何か金目のものを取ってこい。」と申し向けて前記A方から金品を窃取するようにそそのかし，Xをしてその旨決意させ，よって，同月 5 日午後 3 時ころ，前記A方において，同人所有の腕時計 1 個（時価 20 万円相当）を窃取するに至らせ，もって，窃盗の教唆をしたものである。」

(17)　幇助の例（窃盗）

　　「被告人は，Xが，令和○○年 3 月 4 日午後 3 時ころ，東京都千代田区北山町 3 番 6 号A方において腕時計 1 個

គ្រាប់សម្រាប់កាំភ្លើងនេះ 19គ្រាប់ថែមទៀត ដោយគ្មានមូលហេតុលើកលែងពិសេស កំណត់ដោយច្បាប់ ។ "

(15) ឧទាហរណ៍នៃទោសល្មើសច្បាប់ស្ដីពីការគ្រប់គ្រងអន្ដោប្រវេសន៍ និងការទទួល ស្គាល់ជនភៀសខ្លួន

"ចុងចោទជាជនបរទេសដែលមានសញ្ជាតិ○○ ហើយនៅថ្ងៃទី10 ខែមីនា ឆ្នាំ រយវ៉ាំ○○ ចុងចោទបានកាន់លិខិតឆ្លងដែនដែលចេញដោយរដ្ឋាភិបាលនៃ ប្រទេសនេះ ចូលប្រទេសជប៉ុនតាមអាកាសយានដ្ឋានអន្តរជាតិណារីតា ស៊ីតនៅ Narita-shi, Chiba-ken ដោយមានកំឡុងពេលស្នាក់រហូតដល់ថ្ងៃទី10 ខែមេ សា ឆ្នាំរយវ៉ាំ○○ តែចុងចោទមិនបានទៅសុំពន្យារ ឬឬរ ហើយមិនបានចេញពី ប្រទេសជប៉ុន ឡ្យបានមុនពេលកំណត់នោះ ហើយចុងចោទបានស្នាក់នៅអាសយ ដ្ឋាន 2-149 Yamato-cho, Yamato-shi, Kanagawa-ken រហូតដល់ថ្ងៃទី11 ខែឧសភា ឆ្នាំរយវ៉ាំ○○ ដូច្នេះ ចុងចោទបានស្នាក់នៅក្នុងប្រទេសជប៉ុនខុសច្បាប់ ដោយសារកំឡុងពេលស្នាក់នៅបានកន្លងផុត ។ "

(16) ឧទាហរណ៍នៃការញុះញង់(ការល្មើច)

"នៅថ្ងៃទី4 ខែមីនា ឆ្នាំរយវ៉ាំ○○ វេលាខ្ងង់ម៉ោង2ល្ងាច ពេលនៅលើផ្លូវមុខផ្ទះ របស់A ដែលមានអាសយដ្ឋាន 3-6 Kitayama-cho,Chiyoda-ku, Tokyo ចុង ចោទបានប្រាប់X ថា "ថ្ងៃស្អែក ផ្ទះនេះគ្មានអ្នកណានៅទេ ។ ឡ្ហរខាងក្រោយ គេមិន ដែលចាក់សោទេ ដូច្នេះឯងចូលទៅយកររបស់របរណាដែលមានតម្លៃ។ " ហើយធ្វើ ឡ្យXសម្រេចចិត្តចូលលួច ហេតុនេះហើយបានជានៅថ្ងៃទី5 ខែជដែល វេលាខ្ងង់ ម៉ោង3ល្ងាច X បានចូលផ្ទះរបស់ A ទៅលួចយកនាឡ្ហិកាដែលជាកម្មសិទ្ធិរបស់ A (តម្លៃទីផ្សារស្មើនឹង 20ម៉ុនយ៉េន) ដូច្នេះ នេះគឺជាការញុះញង់ឡ្យលួច។ "

(17) ឧទាហរណ៍នៃការជួយ ឬញុះញង់ឡ្យប្រព្រឹត្តបទល្មើស(ការល្មើច)

"នៅថ្ងៃទី4 ខែមីនា ឆ្នាំរយវ៉ាំ○○ វេលាខ្ងង់ម៉ោង3ល្ងាច នៅពេលដែល X ចូល លួចនាឡ្ហិកាដៃ 1 (តម្លៃទីផ្សារស្មើនឹង 20ម៉ុន) នៅក្នុងផ្ទះរបស់ A ដែលមាន

（時価 20 万円相当）を窃取するに際し，A方前路上でX
のため，見張りをし，もって，同人の犯行を容易ならしめ
てこれを幇助したものである。」

2　証拠の標目

判示第 1 の事実について

・　被告人の当公判廷における供述
・　被告人の検察官に対する令和○○年 2 月 15 日付け
　供述調書
・　証人Aの当公判廷における供述
・　Bの検察官に対する供述調書
・　Cの司法警察員に対する供述調書（謄本）
・　D作成の被害届
・　司法警察員作成の実況見分調書

・　司法巡査作成の令和○○年 1 月 22 日付け捜査報告
　書
・　鑑定人E作成の鑑定書
・　押収してある覚醒剤 1 袋（令和○○年押第○○号の 1）
・　○○地方検察庁で保管中のけん銃 1 丁（令和○○年○
　地領第○○号の 1）
・　分離前の相被告人Yの当公判廷における供述
・　第 3 回公判調書中の証人Aの供述部分
・　証人Cに対する当裁判所の尋問調書
・　証人Dに対する受命裁判官の尋問調書

អាសយដ្ឋាន 3-6 Kitayama-cho, Chiyoda-ku, Tokyo ចុងចោទបានឈរ
លើឲ្យវ មុខធ្វេះរបស់ A ជួយយាមមើល ផ្ទេរ្ចេះ នេះគឺជាការជួយ X ក្នុងការប្រព្រឹត្តបទ
ល្មើស។

2 ចំណងជើងនៃភស្តុតាង

ស្តីពីអង្គហេតុនៃការវិនិច្ឆ័យទី 1

- សេចក្តីថ្លែងការណ៍របស់ចុងចោទក្នុងសាលសវនាការនេះ
- កំណត់ហេតុនៃចម្លើយរបស់ចុងចោទ ចំពោះព្រះរាជអាជ្ញា នៅថ្ងៃទី 15 ខែកុម្ភ:
  ឆ្នាំឆ្នាំ○ ○
- ចម្លើយរបស់សាក្សី A ក្នុងសាលសវនាការនេះ
- កំណត់ហេតុនៃចម្លើយរបស់ B ចំពោះព្រះរាជអាជ្ញា
- កំណត់ហេតុនៃចម្លើយរបស់ C ចំពោះមន្ត្រីនគរបាលយុត្តិធម៌ (ឯកសារចម្លង)
- លិខិតប្រកាសអំពីស្ថានភាពរងគ្រោះ ធ្វើឡើងដោយ D
- កំណត់ហេតុស្តីពីការស្រាវជ្រាវផ្ទាល់ទីកន្លែង ដែលធ្វើឡើងដោយមន្ត្រីនគរបាល
  យុត្តិធម៌
- របាយការណ៍ស៊ើបអង្កេតនៅថ្ងៃទី 22 ខែមករា ឆ្នាំឆ្នាំ○ ○ ធ្វើឡើងដោយ
  ប៉ូលិសយុត្តិធម៌
- លទ្ធផលនៃការធ្វើកោសលវិច័យ ធ្វើឡើងដោយអ្នកធ្វើកោសលវិច័យ E
- ថ្នាំអាហ្សុតាម៉ីន 1 កញ្ចប់ដែលបានចាប់យកមករក្សាទុក (លេខរឆ្នាំ○ ○ Ou
  ○ ○ - 1)
- កាំភ្លើង 1 ដើមដែលកំពុងរក្សាទុកនៅអយ្យការអមសាលដំបូង○ ○ (លេខ
  រឆ្នាំ○ ○ Chiryo○ ○ - 1)
- ចម្លើយរបស់សហចុងចោទ Y នៅក្នុងសាលសវនាការនេះ
- ផ្នែកស្តីពីចម្លើយរបស់សាក្សី A ក្នុងចំណោមកំណត់ហេតុនៃសវនាការលើកទី
  3
- កំណត់ហេតុស្តីពីចម្លើយជាកសិណសាក្សីរបស់សាក្សី C ស្ងួរដោយតុលាការនេះ
- កំណត់ហេតុស្តីពីចម្លើយជាកសិណសាក្សីរបស់សាក្សី D ស្ងួរដោយចៅក្រម
  ទទួលបញ្ជា

- ・ 当裁判所の検証調書
- ・ 医師F作成の診断書

3 累犯前科

「被告人は，令和○○年 3 月 26 日○○簡易裁判所で窃盗罪により懲役 8 月に処せられ，令和○○年 11 月 26 日その刑の執行を受け終わったものであって，この事実は検察事務官作成の前科調書によってこれを認める。」

4 確定判決

「被告人は，令和○○年 3 月 10 日○○地方裁判所で傷害罪により懲役 1 年に処せられ，その裁判は同月 25 日確定したものであって，この事実は検察事務官作成の前科調書によってこれを認める。」

5 法令の適用

「被告人の判示所為は刑法 199 条に該当するところ，所定刑中有期懲役刑を選択し，その刑期の範囲内で被告人を懲役 8 年に処し，同法 21 条を適用して未決勾留日数中 120 日をその刑に算入し，押収してある刺身包丁 1 本（令和○○年押第○○号の 1）は判示犯行の用に供した物で被告人以外の者に属しないから，同法 19 条 1 項 2 号，2 項本文を適用してこれを没収し，訴訟費用は，刑事訴訟法 181 条 1 項ただし書を適用して被告人に負担させないこととする。」

6 量刑の理由

- កំណត់ហេតុស្ដីពីការត្រួតពិនិត្យរបស់តុលាការនេះ
- សំបុត្រពេទ្យដែលធ្វើឡើងដោយវេជ្ជបណ្ឌិត F

3 បទល្មើសមុន។

"នៅថ្ងៃទី ២៦ ខែមីនា ឆ្នាំរយវ៉ា ◯ ◯ តុលាការសង្ខេប ◯ ◯ បានផ្តន្ទាទោសចុងចោទ ដាក់ពន្ធនាគារ ៨ខែ ៣ក់ព័ន្ធនឹងបទល្មើសលួច ហើយការអនុវត្តន៍ទោសនេះត្រូវបាន ចប់រួចរាល់នៅថ្ងៃទី ២៦ ខែវិច្ឆិកា ឆ្នាំរយវ៉ា ◯ ◯ ហើយអង្គហេតុនេះត្រូវបានបញ្ជាក់ក្នុង កំណត់ហេតុស្ដីពីការប្រព្រឹត្តបទល្មើសមុន។ ដែលធ្វើឡើងដោយមន្ត្រីរដ្ឋបាលនៃព្រះរាជ អាជ្ញា ជូនថ្លែងទៅទួលស្គាល់អង្គហេតុនេះ។"

4 សាលក្រមស្ពារ

"នៅថ្ងៃទី ១០ ខែមីនា ឆ្នាំរយវ៉ា ◯ ◯ សាលាដំបូង ◯ ◯ បានផ្តន្ទាទោសចុងចោទដាក់ ពន្ធនាគារ ១ឆ្នាំ ហើយសាលក្រមនេះបានចូលជាស្ថាពរនៅថ្ងៃទី ២៥ ខែ ជ ដែល ហើយអង្គ ហេតុនេះត្រូវបានបញ្ជាក់ក្នុងកំណត់ហេតុស្ដីពីបទល្មើសមុន។ ដែលធ្វើឡើងដោយមន្ត្រី រដ្ឋបាលនៃព្រះរាជអាជ្ញា ជូនថ្លែងទៅទួលស្គាល់អង្គហេតុនេះ។"

5 ការអនុវត្តន៍ច្បាប់និងបទដ្ឋានគតិយុត្តិ

"ការសំអាងក្នុងការវិនិច្ឆ័យចំពោះចុងចោទ គឺយោងតាមក្រមព្រហ្មទណ្ឌ មាត្រា ១៩៩ តុលាការបានជ្រើសរើសទោសដាក់ពន្ធនាគារមានកំណត់ពេល ពីក្នុងចំណោមទោស បញ្ញត្តិនៃមាត្រានេះដោយផ្តន្ទាទោសដាក់ពន្ធនាគារ ៨ខែ ហើយគណនាបញ្ចូល ១២០ថ្ងៃនៃ ចំនួនថ្ងៃពេលឃុំខ្លួនដល់ពេលចេញសាលក្រម ទៅក្នុងកំឡុងពេលនេះ ដោយអនុវត្ត ក្រមដែល មាត្រា ២១ វិនៃកំបិតប្រើសម្រាប់កាត់ត្រីនៅ ១ដើម ដែលបានយកមកករក្សា ទុកនោះ (លេខរយវ៉ា ◯ ◯ ០u ◯ ◯ -១) ដែលត្រូវបានប្រើក្នុងឧក្រិដ្ឋកម្មនេះមិនមែន ជារបស់អ្នកដទៃ ក្រៅពីចុងចោទទេ ជូនថ្លែងដោយអនុវត្តក្រមដែល មាត្រា ១៩ កថា ខ័ណ្ឌទី ១ វក្យខ័ណ្ឌទី ២, កថាខ័ណ្ឌទី ២ វក្យខ័ណ្ឌទី ១ គឺត្រូវរិបអូស ហើយស្ដីពីប្រាក់ ប្រដាប់ក្ដីវិញ ដោយអនុវត្តក្រមនីតិវិធីព្រហ្មទណ្ឌ មាត្រា ១៨១ កថាខ័ណ្ឌទី ១ វក្យ ខ័ណ្ឌទី ២ គឺមិនឱ្យចុងចោទទួលបន្ទុកទេ។"

6 ការសំអាងហេតុពីទំហំទោស

出入国管理及び難民認定法違反の例

・　本件は，Y国国民である被告人が，定められた在留期間を越えて不法に我が国に残留したという事案である。

・　被告人が我が国に不法に残留した期間が2年余りの長期であることなどに照らすと，被告人の刑事責任は重い。

・　他方で，被告人は，本件犯行について反省の態度を示し，今後は，本国に帰って，まじめな生活を送りながら，立ち直っていくことを誓っていること，被告人と生活を共にしていた婚約者が，被告人の本国で被告人と結婚して共に生活する気持ちでおり，被告人に対する寛大な処罰を訴えていることなど，被告人にとって酌むべき事情もある。

・　そこで，これらの事情を総合して主文のとおり刑を量定した。

第6章　控訴審における判決理由

1　理由の冒頭部分

本件控訴の趣意は，弁護人甲作成名義〈検察官乙提出〉の控訴趣意書記載のとおりであり，これに対する答弁は，検察官乙作成名義〈弁護人甲作成名義〉の答弁書記載のとおりであるから，これらを引用する。

控訴趣意中量刑不当〈事実誤認，訴訟手続の法令違反，理由不備〉の主張（論旨）について

ឧទាហរណ៍នៃករណីលើសឈប់ស្ដីពីការគ្រប់គ្រងអន្តោប្រវេសន៍ និងការទទួល
ស្គាល់ជនរៀបសខ្លួន

- នេះគឺជារៀងក្តីៗពាក់ព័ន្ធនឹងចុងចោទដែលជាប្រជាពលរដ្ឋនៃប្រទេស ខ ហើយ
  បុគ្គលរូបនេះបានស្នាក់នៅក្នុងប្រទេសជប៉ុនហួសកំឡុងពេលស្នាក់នៅដែលត្រូវ
  បានកំណត់។

- ចុងចោទបានស្នាក់នៅក្នុងប្រទេសជប៉ុន ហួសកំឡុងពេលកំណត់រហូតដល់ទៅ
  ជាង 2ឆ្នាំ ដូច្នេះការទទួលខុសត្រូវរបស់ចុងចោទនេះធ្ងន់ធ្ងរណាស់។

- ក៏ប៉ុន្តែ ចុងចោទបានបង្ហាញវិយាបថភ្នាក់លើកស្ដីពីបទល្មើសនេះ ហើយបាន
  ស្បថា និងគ្រប់គ្របទៅប្រទេសរបស់ខ្លួន ធ្វើការ ហើយតែខ្លួនឡើងវិញ្ញៗ ម្យ៉ាង
  ទៀត គូដណ្ដឹងដែលរស់នៅជាមួយចុងចោទក៏មានចិត្តចង់រៀបអាពាហ៍ពិពាហ៍
  ជាមួយចុងចោទ ហើយរស់នៅជាមួយគ្នាក្នុងប្រទេសរបស់ខ្លួនដែរ ថែមទាំងបាន
  សុំឱ្យសម្រាលទោសចុងចោទឡើត។ ដូច្នេះយោលតាមស្ថានភាពទាំងនេះ គឺគួរឱ្យ
  ពិចារណាដែរៗ

- ដូច្នេះយោលតាមស្ថានភាពទាំងនេះ តុលាការបានកំណត់ទំហំទោសដូចដែល
  មានក្នុងសេចក្ដីសម្រេចបញ្ចប់។

ជំពូកទី6 ការសំអាងហេតុនៃសាលដីកានៃការជំនុំជម្រះបណ្ដឹងឧទ្ធរណ៍

1 ផ្នែកដើមនៃការសំអាងហេតុ

គោលគំនិតនៃបណ្ដឹងឧទ្ធរណ៍នេះ គឺមានដូចដែលមានសរសេរនៅក្នុងឯកសារស្ដីពី
គោលគំនិតនៃបណ្ដឹងឧទ្ធរណ៍ដែលសរសេរដោយមេធាវី X (ឈ្មោះអ្នកសរសេរគឺ ព្រះ
រាជអាជ្ញា Y) ហើយចម្លើយចំពោះឯកសារនេះ មានសរសេរនៅក្នុងឯកសារចម្លើយដែល
ធ្វើឡើងដោយព្រះរាជអាជ្ញា Y (ឈ្មោះអ្នកសរសេរគឺមេធាវី X) ដូច្នេះ សូមលើកយក
មក។

ស្ដីពីការអះអាង (ការសំអាង) អំពីគោលគំនិតនៃការប្ដឹងឧទ្ធរណ៍ដោយសារការ
កំណត់ទំហំទោសមិនត្រឹមត្រូវ (ការទទួលស្គាល់អង្គហេតុដោយកាន់ច្រឡំ, ការធ្វើផុយ

-- 121 --

2 理由の本論部分

(1) 控訴棄却

　　所論は，要するに，被告人には，本件輸入に係る物品が覚醒剤であるとの認識がなかったのであるから，被告人にその認識があったとして覚醒剤輸入の罪の成立を認めた原判決には，判決に影響を及ぼすことが明らかな事実の誤認があるというのである。しかし，原判決挙示の各証拠によると，被告人は，本件に至るまで，貨物船○○の船員として約20回日本国と○○国との間を往復している者である上，○○国において船員としての教育を受けるに当たり，覚醒剤等の密輸が禁止されていることや関税関係法規等についての知識を得ていることが認められるから，覚醒剤が概ねどのような物品であるかを承知していたと推認されるところである。そして，このことを前提として，甲から本件物品の運搬を依頼された際の物品の運搬ないし引渡しの方法についての指示内容が極めて密行性を帯びたものであったこと，被告人は本件物品がビニール製5袋に分けられた白色の結晶状を呈した物質であることを確認していること，搬入の手段，方法が覚醒剤等を持ち込む際によく行われる典型的な隠匿運搬方法を採っていること，その他本件発覚前後の証拠隠滅工作，被告人の捜査官に対する供述の内容等記録によって認められる諸事情をも考え合わせると，本件物品が覚醒剤であるとは知らなかったという被告人の弁解は到底信用できるものではなく，本件輸入の際，

នឹងនីតិវិធីបណ្តឹង, ការសំអាងហេតុមិនគ្រប់គ្រាន់)

២ ផ្នែកសំខាន់នៃការសំអាងហេតុ

(1) ការច្រានចោលនូវបណ្តឹងឧទ្ធរណ៍

មតិយោបល់គឺ ចុងចោទមិនដឹងថា វត្ថុដែលបាននាំចូលនោះ គឺជាថ្មីអំហ្ឡេតា
មិនទេ ដូច្នេះ នៅក្នុងសាលក្រមដើម តុលាការបានទទួលស្គាល់ថា ចុងចោទបានដឹង
អំពីវត្ថុនាំចូលគឺជាថ្មីអំហ្ឡេតាមិន ហើយនេះគឺជាការទទួលស្គាល់អង្គហេតុដែល
ច្បាស់ជាមានឥទ្ធិពលទៅលើសេចក្តីសម្រេចបញ្ចប់ ដោយមិនត្រឹមត្រូវ (ដោយមាន
កំហុស) ក៏ប៉ុន្តែយោងតាមភស្តុតាងនីមួយៗដែលបានលើកឡើងក្នុងសាលក្រម
ដើម រហូតដល់ពេលកើតរឿងនេះ ចុងចោទបានធ្វើដំណើររវាងប្រទេសជប៉ុននិង
ប្រទេស○○ ប្រហែល20ដង ចេញចូលប្រទេសជប៉ុន ជាបុគ្គលិកធ្វើការលើកប៉ាល់
ដឹកទំនិញ○○ ហើយនៅពេលទទួលការបណ្ណះបណ្ណាលសម្រាប់បុគ្គលិកកប៉ាល់នៅ
ប្រទេស○○នោះ គេបានបង្រៀនអំពីចំណេះដឹងស្តីពីការហាមការរត់ពន្ធថ្មីអំហ្ឡេ
តាមិន ជាអាទិ៍ ព្រមទាំងច្បាប់និងបទប្បញ្ញត្តិយុត្តិស្តីពីពន្ធតម ជាដើម ដូច្នេះអាច
សន្និដ្ឋានបានថា ចុងចោទក៏បានយល់ដឹងច្បាស់ថា តើថ្មីអំហ្ឡេតាមិន គឺជាថ្មី
ប្រភេទណាដែរៗ ដោយផ្នែកលើចំណុចទាំងអស់នេះ ពេលដែល X ប្រគល់វត្ថុនៃរឿង
ក្តីនេះ ហើយពឹងឱ្យចុងចោទដឹកជញ្ជូននោះ ខ្លឹមសារដែលគេបង្ហាប់នោះ គឺមានភាព
សម្ងាត់ខ្លាំងណាស់ ហើយចុងចោទក៏បានពិនិត្យមើលឃើញថា វត្ថុនោះជាសារធាតុ
ពណ៌ស មានលក្ខណៈជាត្រីស្គាល់ បែងចែកជា5កញ្ចប់ប្លាស្ទិក រីឯការដឹកជញ្ជូន
វិញ គេបានប្រើវិធីដឹកជញ្ជូនលួចលាក់ដែលគេប្រើច្រើននៅពេលយកថ្មីអំហ្ឡេតាមិន
ជាដើម ចូល ក្រៅពីនេះ ចុងចោទក៏បានរកវិធីលាក់ភស្តុតាងក្រោយពេលគេរក
ឃើញថ្មីអំហ្ឡេតាមិននេះ ព្រមទាំងពិចារណាដល់សភាពការណ៍នានាដែលមាននៅ
ក្នុងកំណត់ហេតុស្តីពីចម្លើយរបស់ចុងចោទ ចំពោះមន្ត្រីស៊ើបអង្កេត ជាដើម គេអាច
យល់ដឹងបានថា នៅពេលនាំចូល ចុងចោទបានដឹងថា វត្ថុនោះគឺជាថ្មីអំហ្ឡេតាមិន។

被告人は本件物品が覚醒剤であるとの認識を有していたと認めるのが相当である。

　したがって，原判決がその挙示する各証拠を総合して原判示事実を認定したことは相当であり，原判決に事実誤認はないから，論旨は理由がない。

(2)　破棄自判

　所論は，要するに，被告人を禁錮 1 年 6 月に処した原判決の量刑は重すぎて不当であるというのである。

　記録によれば，本件事故は，被告人が前車の発進に気を許し左方の安全を確認することなく発進進行した過失により，折から横断歩道上を自転車に乗って進行していた被害者に自車を衝突転倒させ死亡させたというものであって，過失及び結果の重大性にかんがみると，所論指摘の被告人に有利な事情を十分考慮しても，原判決の量刑は，その宣告時においては相当であったと認めることができる。

　しかし，当審事実取調べの結果によれば，原判決後，被害者の遺族との間に，さらに任意保険等から・・・・・合計 2000 万円を支払うことで示談が成立していること，示談の成立に伴い被害感情は一層和らぎ，被害者の遺族から寛大な処分を望む旨の上申がなされるに至っていることなどの事情が認められ，これによれば，原判決の量刑は，現時点においては刑の執行を猶予しなかった点において重きに失し，これを破棄しなければ明らかに正義に反するといわなければならない。

ហេតុនេះហើយ ដោយពិចារណាអំពីភស្តុតាងនីមួយៗដែលបានលើកឡើងក្នុង
សាលក្រមដើមទៅ យើញថា ការទទួលស្គាល់អង្គហេតុដែលមានក្នុងសាលក្រមដើម
គឺត្រឹមត្រូវៗ ផ្ទុយ ខ្លឹមសារក្នុងនេះមិនត្រឹមត្រូវទេ។

(2) ការបដិសេធចោល ហើយវិនិច្ឆ័យដោយខ្លួនឯង

មតិយោបល់គឺ ការផ្តន្ទាទោសឱ្យចុងចោទជាប់ពន្ធនាគារ១ឆ្នាំ ៦ខែ គឺជាដាក់
ទោសធ្ងន់ធ្ងរពេក មិនត្រឹមត្រូវទេ។

យោងតាមកំណត់ហេតុ ស្ដីពីគ្រោះថ្នាក់នៃរឿងក្ដីនេះ ចុងចោទចាប់អារម្មណ៍ទៅ
លើរថយន្តខាងមុខដែលបើកចេញនាពេលនោះ ហើយក៏បើកรថយន្តរបស់ខ្លួនចេញ
ទៅ ដោយធ្វេសប្រហែសមិនបានមើលឆ្វេងដើម្បីបញ្ជាក់មើលសុវត្ថិភាព។ ផ្ទុនជា
ពេលនោះ ជនរងគ្រោះបានជិះកង់ឆ្លងតាមតំនូសសម្រាប់មនុស្សដើរ ពីខាងឆ្វេង ចុង
ចោទក៏បានបុកជនរងគ្រោះនោះ ធ្វើឱ្យគាត់ដួលហើយស្លាប់។ ផ្ទុយ ប្រសិនជា
ពិចារណាដល់កំហុសដំធ្ងន់ធ្ងរនេះ និងលទ្ធផលធ្ងន់ធ្ងរនៃគ្រោះថ្នាក់នេះ គឺអាច
ទទួលស្គាល់ថា ទំហំទោសដែលប្រកាសដោយសាលក្រមដើមពេលនោះ គឺសមរម្យ
ហើយ។

ក៏ប៉ុន្តែ យោងតាមលទ្ធផលនៃការពិនិត្យភស្តុតាងក្នុងការជំនុំជម្រះនេះ ក្រោយ
ពេលចេញសាលក្រមដើម ចុងចោទបានចរចាសម្របសម្រួលនឹងគ្រួសារជនរង
គ្រោះ ព្រមទាំងពីការធានាក់ប់រងស្ងួតចិត្តរបស់ចុងចោទ .... គ្រួសារជនរង
គ្រោះបានទទួលប្រាក់សំណងនៃការខូចខាតចំនួន ២០លានយ៉េន។ តាមរយៈការ
ព្រមព្រៀងនេះ អារម្មណ៍របស់គ្រួសារជនរងគ្រោះចំពោះចុងចោទក៏បានធូរស្រាល
ដែរ ហើយគ្រួសារចុងចោទក៏បានដាក់ពាក្យស្នើសុំឱ្យសម្រាលទោសចំពោះចុងចោទ
ដែរ។ យោងតាមសភាពការណ៍ទាំងនេះ បច្ចុប្បន្ននេះ ទំហំទោសដែលបានផ្តន្ទាក្នុង
សាលក្រមដើម ដែលមិនបានព្យ័រទោសទេនោះ គឺធ្ងន់ណាស់។ ហេតុនេះហើយ បើ
សិនជាមិនបដិសេធសាលក្រមនោះចោលទេ គឺផ្ទុយនឹងយុត្តិធម៌។

-125-

3 法令の適用部分

(1) 控訴棄却

よって，刑訴法396条により本件控訴を棄却し，刑法21条により当審における未決勾留日数中50日を原判決の刑に算入し，当審における訴訟費用は刑訴法181条1項本文を適用して被告人に負担させることとし，主文のとおり判決する。

(2) 破棄自判

よって，刑訴法397条2項により原判決を破棄し，同法400条ただし書により更に次のとおり判決する。

原判決が認定した罪となるべき事実に原判決と同一の法令を適用（科刑上一罪の処理，刑種の選択を含む。）し，その刑期の範囲内で被告人を懲役2年10月に処し，刑法21条により原審における未決勾留日数中50日をその刑に算入し，原審及び当審における訴訟費用は刑訴法181条1項ただし書を適用して被告人に負担させないこととし，主文のとおり判決する。

(3) 破棄差戻し

よって，刑訴法397条1項，377条3号により原判決を破棄し，同法400条本文により本件を原裁判所である○○簡易裁判所に差し戻すこととし，主文のとおり判決する。

3 ភាគនៃការអនុវត្តច្បាប់និងបទបញ្ជានតតិយុត្តិ

(1) ការប្រាជធចាលនូរបណ្ដឹងឧទ្ធរណ៍

ផ្ទេ៖ ច្រានចាលនូរបណ្ដឹងឧទ្ធរណ៍នេះ ដោយផ្ដែកលើក្រមនីតិវិធីព្រហ្មទណ្ឌ
មាត្រា 396 ហើយតណនាបញ្ចូល50ថ្ងៃនៃចំនួននថ្ងៃគិតពីពេលយុំខ្លួនដល់ពេលចេញ
សាលដីកានេះដោយផ្ដែកលើក្រមព្រហ្មទណ្ឌ មាត្រា 21 រីឯច្រាក់ប្រដាប់ក្ដីនៃការជំនុំ
ជម្រះនេះវិញ គឺជាបន្ទុករបស់ចុងចោទ ដោយអនុវត្តតាមក្រមនីតិវិធីព្រហ្មទណ្ឌ
មាត្រា 181 កឋាខំណ្ឌទី1 វក្យខំណ្ឌទី1 ដូចដែលមាននៅក្នុងសេចក្ដីសម្រេច
បញ្ចប់។

(2) ការបដិសេធចាល ហើយវិនិច្ឆ័យដោយខ្លួនឯង

ផ្ទេ៖ បដិសេធចាលនូរសាលក្រមដើម ដោយផ្ដែកលើក្រមនីតិវិធីព្រហ្មទណ្ឌ
មាត្រា 397 កឋាខំណ្ឌទី2 ហើយធ្វើសេចក្ដីសម្រេចថែមទៀតដូចតទៅ ដោយផ្ដែក
លើក្រមជដែល មាត្រា 400 វក្យខំណ្ឌទី2។

ស្ដីពីអង្គហេតុដែលត្រូវមានទោស ដែលទទួលស្គាល់ដោយសាលក្រមដើម ត្រូវ
អនុវត្តច្បាប់ផ្ទួចគ្នានឹងសាលក្រមដើម (រួមទាំងការចាត់ចែងដាក់ទោស និង ការ
ប្រើសេរីសប្រគេទទោស) ត្រូវដាក់ទោសចុងចោទឱ្យជាប់ពន្ធនាគារ 2ឆ្នាំ 10ខែ
ដែលជាកំឡុងពេលក្នុងវិសាលភាពទោស ហើយតណនាបញ្ចូល50ថ្ងៃនៃចំនួននថ្ងៃគិត
ពីពេលយុំខ្លួនដល់ពេលចេញសាលក្រមនៃការជំនុំជម្រះដើម ដោយផ្ដែកលើក្រម
ព្រហ្មទណ្ឌ មាត្រា 21 ហើយស្ដីពីច្រាក់ប្រដាប់ក្ដីនៃការៈជំនុំជម្រះដើម និងការជំនុំ
ជម្រះនេះ មិនឱ្យចុងចោទទទួលបន្ទុកទេ ដោយអនុវត្តតាមក្រមនីតិវិធីព្រហ្មទណ្ឌ មា
ត្រា 181 កឋាខំណ្ឌទី1 វក្យខំណ្ឌទី1 ដូចដែលមាននៅក្នុងសេចក្ដីសម្រេចបញ្ចប់។

(3) ការបដិសេធចាល ហើយបញ្ជូនត្រឡប់ទៅតុលាការដើមវិញ

ផ្ទេ៖ បដិសេធចាលនូរសាលក្រមដើម ដោយផ្ដែកលើក្រមនីតិវិធីព្រហ្មទណ្ឌ
មាត្រា 397 កឋាខំណ្ឌទី1 និងមាត្រា 377 ចំណុច 3 ហើយបញ្ជូនទៅតុលាការ
សង្កែប ○ ○ ដែលជាតុលាការដើមនៃរឿងក្ដីនេះ ដោយផ្ដែកលើក្រមជដែល មាត្រា
400 វក្យខំណ្ឌទី1 ដែលមានខ្លឹមសារដូចក្នុងសេចក្ដីសម្រេចបញ្ចប់។

第4編

法律用語等の対訳

第4編　法律用語等の対訳
第1章　法律用語の対訳

【あ　行】

・相被告人［共同被告人］　　　・សហចុងចោទ

・あおる　　　　　　　　　　　・ជម្រុញ, ញុះញង់

・アリバイ　　　　　　　　　　・ការសំអាងថា ខ្លួននៅកន្លែងផ្សេង ពេលមានព្រឹត្តិការណ៍

・アルコール中毒　　　　　　　・រោគញៀនស្រា

・言い渡す　　　　　　　　　　・ប្រកាស

・異議　　　　　　　　　　　　・តវ៉ា

・異議の申立て　　　　　　　　・ពាក្យតវ៉ា

・意見陳述　　　　　　　　　　・ថ្លែងមតិយោបល់

・移送（被告事件の）　　　　　・បញ្ជូនទៅ (បណ្ដឹងអាជ្ញា)

・移送（被告人の）　　　　　　・បញ្ជូនទៅ (ចុងចោទ)

・一事不再理　　　　　　　　　・ការហាមដាក់បណ្ដឹងអាជ្ញាចំពោះរឿងក្ដីដែលបានចុលជាស្ថាពរហើយ

・遺伝　　　　　　　　　　　　・ការផ្លងតាមពូជ

・居直り強盗　　　　　　　　　・ចងចូលលួច តែប្លន់ទៅវិញ

・違法収集証拠　　　　　　　　・ភស្តុតាងដែលបានប្រមូលដោយខុសច្បាប់

・違法性　　　　　　　　　　　・ភាពខុសច្បាប់

・違法性阻却事由　　　　　　　・មូលហេតុនៃការរួចផុតពីភាពខុសច្បាប់

・医療刑務所　　　　　　　　　・ពន្ធនាគារដែលមានប្រព័ន្ធព្យាបាល

・医療の終了　　　　　　　　　・ការបញ្ចប់ការព្យាបាល

・因果関係　　　　　　　　　　・ទំនាក់ទំនងហេតុនិងផល

・因果関係の中断　　　　　　　・ការបង្អាក់ទំនាក់ទំនងហេតុនិងផល

・インターネット異性紹介事業　・អាជីវកម្មណែនាំឱ្យស្គាល់អ្នកមានភេទផ្ទុយគ្នាតាមអ៊ីនធឺណិត

・引致　　　　　　　　　　　　・ការនាំខ្លួន

- 隠匿する
- 員面調書
- うそ発見器
- 疑うに足りる相当な理由
- 写し
- うつ病
- 営業秘密
- 営利の目的
- 閲覧する
- えん罪
- 援用
- 押印
- 押収
- 押収物
- 汚職
- おとり捜査
- 恩赦

- លាក់
- កំណត់ហេតុនៃការធ្វើយ៉ំពោះមុខនគរបាលយុត្តិធម៌
- ឧបករណ៍ពិនិត្យការភូតភរ
- មូលហេតុគ្រប់គ្រាន់គួរឱ្យសង្ស័យ
- ឯកសារចម្លង
- ជម្ងឺធ្លាក់ទឹកចិត្ត
- ការសម្ងាត់ក្នុងអាជីវកម្ម
- គោលបំណងរកចំណេញ
- មើល
- ការផ្តន្ទាទោសខុស
- ការលើកឡើង
- បោះត្រា
- ការយកការក្សាទុក
- វត្ថុដែលត្រូវបានយកការក្សាទុក
- អំពើពុករលួយ
- ការស៊ើបអង្កេតដោយល្បួងឱ្យប្រព្រឹត្តបទល្មើស
- ការលើកលែងទោស

【か　行】

- 戒護
- 改ざんする
- 開示
- 改悛の情
- 外傷性
- 海上保安庁
- 海上保安留置施設

- ការឃាត់ទុក
- ការធ្វើក្លែងបន្លំ
- ការបង្ហាញជាសាធារណៈ
- ការសោកស្តាយ
- របួសដោយមូលហេតុពីក្រៅ
- ទីភ្នាក់ងារការពារសមុទ្រ
- គ្រឹះស្ថានឃុំខ្លួននៃទីភ្នាក់ងារការពារសមុទ្រ

・開廷	・បើកសវនាការ
・回答書	・ឯកសារចម្លើយ
・外務省	・ក្រសួងការបរទេស
・科学警察研究所（科警研）	・វិទ្យាស្ថានស្រាវជ្រាវវិទ្យាសាស្ត្រនគរបាល
・覚醒剤	・ថ្នាំអាំហ្វេតាមីន
・覚醒剤中毒者	・អ្នកញៀនថ្នាំអាំហ្វេតាមីន
・確定	・កំណត់ជាស្ថាពរ
・確定判決	・សាលក្រម ឬសាលដីកាចូលជាស្ថាពរ
・科刑上一罪	・បទល្មើសដែលជាប់ទោសពីរប្រភេទ ហើយត្រូវផ្តន្ទាទោសណាដែលធ្ងន់
・過失	・កំហុស, ការធ្វេសប្រហែស
・過失犯	・ជនប្រព្រឹត្តបទល្មើសដោយការធ្វេសប្រហែស
・過剰避難	・ការរៀសខ្លួនផុលហួសហេតុ
・過剰防衛	・ស៊ុយការពារផុលហួសហេតុ
・加重	・ការបន្ថែមពីលើ, ការបូកពីលើ
・家庭裁判所（家裁）	・តុលាការគ្រួសារ
・家庭裁判所調査官	・មន្ត្រីស្រាវជ្រាវនៃតុលាការគ្រួសារ
・可罰的違法性	・ភាពខុសច្បាប់ដែលអាចផ្តន្ទាទោសបាន
・仮釈放	・ការដោះលែងបណ្ណោះអាសន្ន
・仮納付	・ការបង់ជាបណ្ណោះអាសន្ន
・仮放免	・ការដោះលែងជាបណ្ណោះអាសន្ន
・過料	・ការពិន័យជាប្រាក់
・科料	・ការពិន័យជាប្រាក់តិច
・簡易公判手続	・នីតិវិធីជំនុំជម្រះសង្ខេប
・簡易裁判所（簡裁）	・តុលាការសង្ខេប
・姦淫	・ការជិត

・管轄	・សមត្ថកិច្ច
・管轄違い	・ខុសសមត្ថកិច្ច
・間接事実	・អង្គហេតុប្រយោល
・間接証拠	・ភស្តុតាងប្រយោល
・間接正犯	・ជនប្រព្រឹត្តបទល្មើសដោយប្រយោល
・監置	・ការបង្ខាំងទុកដោយតុលាការ
・鑑定	・កោសលវិច័យ
・鑑定証人	・អ្នកធ្វើកោសលវិច័យ
・鑑定嘱託書	・លិខិតផ្ញុំកផ្ទាក់ឲ្យធ្វើកោសលវិច័យ
・（鑑定その他）医療的観察	・ការពិនិត្យតាមវេជ្ជសាស្ត្រ (កោសលវិច័យ ជាដើម)
・鑑定手続実施決定	・ដីកាសម្រេចអនុវត្តនីតិវិធីធ្វើកោសលវិច័យ
・鑑定入院命令	・ការបង្គាប់ឲ្យចូលពេទ្យដើម្បីធ្វើកោសលវិច័យ
・鑑定人	・អ្នកធ្វើកោសលវិច័យ
・鑑定留置	・ការឃុំខ្លួនដើម្បីធ្វើកោសលវិច័យ
・観念的競合	・អំពើដែលទាក់ទងនិងទោសពីរ
・還付	・ការបង្វិលសង
・管理売春	・ពេស្យាចារគ្រប់គ្រង
・期間	・កំឡុងពេល, អំឡុងពេល
・棄却する	・ច្រានចោល
・偽計	・ការបោកបញ្ឆោត
・期日	・កាលបរិច្ឆេទ
・期日間整理手続	・នីតិវិធីរៀបចំរវាងការបរិច្ឆេទនិងកាលបរិច្ឆេទ
・期日間整理手続調書	・កំណត់ហេតុនៃនីតិវិធីរៀបចំរវាងការបរិច្ឆេទនិងកាលបរិច្ឆេទ
・既遂	・ការប្រព្រឹត្តឧក្រិដ្ឋកម្មបានសម្រេច
・偽造	・ក្លែងក្លាយ
・起訴事実	・អង្គហេតុចោទប្រកាន់

- 起訴状 ・ ពាក្យបណ្ដឹង, ពាក្យចោទប្រកាន់, ដីកាចោទប្រកាន់
- 起訴状の訂正 ・ ការកែតម្រូវពាក្យបណ្ដឹង, ការកែតម្រូវពាក្យចោទប្រកាន់
- 起訴する ・ ចោទប្រកាន់, ផ្ដឹង, ផ្ដឹងអាជ្ញា
- 起訴猶予 ・ ការព្យូរការចោទប្រកាន់
- 既判力 ・ អាជ្ញាអស់ជំនុំ
- 忌避 ・ ការដិតចិត្ត
- 基本的人権 ・ សិទ្ធមនុស្សមូលដ្ឋាន
- 欺罔する（欺く） ・ បោក
- 客体の錯誤 ・ ការភាន់ច្រឡំគោលដៅ ឬមុខសញ្ញា
- 却下する ・ លើកចោល
- 求刑 ・ ការចោទប្រកាន់, ការទាមទារឲ្យផ្ដន្ទាទោស
- 急迫の危険 ・ ហានិភ័យចំពោះមុខ
- 急迫不正の侵害 ・ ការបំពានលើច្បាប់យ៉ាងបន្ទាន់
- 恐喝する ・ គម្រាមកំហែង
- 凶器 ・ អាវុធ
- 教唆する ・ ញុះញង់, ចាក់រុក
- 供述 ・ ថ្លែងការណ៍, ផ្ដើយ
- 供述拒否権 ・ សិទ្ធិប្រតិកមិនថ្លែងការណ៍
- 供述書 ・ ឯកសារថ្លែងការណ៍, ឯកសារអំពីចផ្ដើយ
- 供述調書 ・ កំណត់ហេតុអំពីចផ្ដើយ
- 供述の任意性 ・ ភាពស្ម័គ្រចិត្តនៃការផ្ដើយ
- ［強制］送還 ・ ការបញ្ជូនទៅវិញ (ដោយបង្ខំ)
- 強制捜査 ・ ការស៊ើបអង្កេតដោយបង្ខំ
- 共同正犯 ・ ជនសមគំនិត, អ្នកចូលដៃ
- 共同被告人 ・ សហចុងចោទ
- 共同暴行 ・ ការប្រព្រឹត្តអំពើហិង្សារួម

・脅迫する	・គម្រាមកំហែង
・共犯	・អ្នកចូលដៃ
・共謀	・ការសមគំនិត
・共謀共同正犯	・ជនរួមគ្នាសមគំនិត
・業務上過失	・ការធ្វេសប្រហែសលើការងារ
・業務上の注意義務	・កាតព្វកិច្ចប្រុងប្រយ័ត្នលើការងារ
・挙証責任	・ការទទួលខុសត្រូវក្នុងការដាក់ភស្តុតាង
・記録命令付差押え	・ការរឹបអូសដោយមានការបង្គាប់ឱ្យកត់ត្រាទុក
・記録命令付差押許可状	・ដីកាអនុញ្ញាតឱ្យរឹបអូសដោយមានការបង្គាប់ឱ្យកត់ត្រាទុក
・記録命令付差押調書	・កំណត់ហេតុស្ដីពីការរឹបអូសដោយមានការបង្គាប់ឱ្យកត់ត្រាទុក
・緊急逮捕	・ការចាប់ខ្លួនបន្ទាន់
・緊急避難	・ការរៀសខ្លួនបន្ទាន់
・禁錮	・ការដាក់ពន្ធនាគារ (មិនតម្រូវឱ្យធ្វើការ)
・禁制品	・ទំនិញដែលហាម
・区	・តំបន់
・区検察庁（区検）	・អយ្យការអមតុលាការសង្កេប
・区分審理	・ការជំនុំជម្រះតាមផ្នែក
・刑期	・កំឡុងពេលដាក់ពន្ធនាគារ
・警告	・ការព្រមាន
・警察署	・ស្ថានីយការិយាល័យនគរបាល
・警察庁	・អគ្គស្ថានការិយាល័យនគរបាលជាតិ
・警察庁次長	・អគ្គស្ថានការរងនគរបាល
・警察庁長官	・អគ្គស្ថានការនគរបាលជាតិ
・警視	・នាយការិយាល័យនគរបាល
・警視監	・ស្ថានីយនៃស្ថានការិយាល័យនគរបាលខេត្ត
・刑事施設	・គ្រឹះស្ថានព្រហ្មទណ្ឌ

・刑事収容施設	・គ្រឹះស្ថានឃុំឃាំងព្រហ្មទណ្ឌ
・刑事処分	・ការចាត់ចែងព្រហ្មទណ្ឌ
・警視正	・ស្នងការនៃស្នងការដ្ឋានខ្នាតធំ
・刑事責任	・ការទទួលខុសត្រូវព្រហ្មទណ្ឌ
・警視総監	・ស្នងការនៃស្នងការដ្ឋាននគរបាលរាជធានី
・刑事第 1 部	・ព្រហ្មទណ្ឌ ផ្នែកទី១
・警視庁	・អគ្គស្នងការនគរបាល
・警視長	・ស្នងការនៃស្នងការដ្ឋាន
・刑事未成年者	・អនីតិជនព្រហ្មទណ្ឌ
・刑の一部の執行猶予	・ការព្យួរការអនុវត្តន៍ទោសមួយភាគ
・刑の全部の執行猶予	・ការព្យួរការអនុវត្តន៍ទោសទាំងអស់
・刑の量定に影響を及ぼす情状	・សភាពការណ៍ដែលមានឥទ្ធិពលលើទំហំទោស
・刑罰	・ទោសទណ្ឌ
・頚部	・ក
・警部	・អធិការ
・警部補	・អធិការរង
・刑務官	・មន្ត្រីពន្ធនាគារ
・刑務所	・ពន្ធនាគារ
・刑務所長	・ប្រធានពន្ធនាគារ
・結果回避義務	・កាតព្វកិច្ចបង្ការលទ្ធផល, កាតព្វកិច្ចបង្ការការខ្ចោចខាតដែលអាច ច្បាតរណ៍បាន
・欠格事由	・មូលហេតុនៃកង្វះលក្ខណៈ
・結果的加重犯	・ឧក្រិដ្ឋកម្មចូនធ្ងន់ហួសការស្មាន
・結審する	・បញ្ចប់ការជំនុំជម្រះ
・決定	・ដីកាសម្រេច
・県	・ខេត្ត

- 原因において自由な行為 ・ អំពើដែលធ្វើឡើងដោយមានសមត្ថភាពទទួលខុសត្រូវមិនពេញលេញ
- 厳格な証明 ・ ការបញ្ជាក់ត្រឹមត្រូវ
- 県警察本部 ・ ស្នងការដ្ឋាននគរបាលខេត្ត
- 現行犯 ・ ឧក្រិដ្ឋកម្មជាក់ស្តែង
- 現行犯人逮捕手続書 ・ សៀវភៅនៃនីតិវិធីចាប់ខ្លួនឧក្រិដ្ឋជនជាក់ស្តែង
- 原裁判所 ・ តុលាការដើម
- 検察官 ・ ព្រះរាជអាជ្ញា
- 検察官請求証拠 ・ ភស្តុតាងដែលព្រះរាជអាជ្ញាទាមទារឱ្យពិនិត្យ
- 検察事務官 ・ មន្ត្រីរដ្ឋបាលនៃអយ្យការ
- 検察審査員 ・ សមាជិកគណកម្មការអង្កេតព្រះរាជអាជ្ញា
- 検察審査会 ・ គណកម្មការអង្កេតព្រះរាជអាជ្ញា
- 検視 ・ ការវះពិនិត្យសព
- 検事 ・ ព្រះរាជអាជ្ញា
- 検事正 ・ ព្រះរាជអាជ្ញាជាន់ខ្ពស់
- 検事総長 ・ អគ្គព្រះរាជអាជ្ញា
- 検事長 ・ ប្រធានអយ្យការអេមសាលាឧទ្ធរណ៍
- 現住建造物 ・ អាគារស្នាក់នៅបច្ចុប្បន្ន
- 検証 ・ ការត្រួតពិនិត្យ
- 検証調書 ・ កំណត់ហេតុនៃការត្រួតពិនិត្យ
- 原審 ・ ការជំនុំជម្រះដើម
- 原審弁護人 ・ មេធាវីនៃការជំនុំជម្រះដើម
- 限定責任能力 ・ សមត្ថភាពទទួលខុសត្រូវមានកម្រិត
- 原判決 ・ សាលក្រមដើម
- 憲法違反 ・ ផ្ទុយនឹងរដ្ឋធម្មនុញ្ញ
- 原本 ・ ឯកសារដើម
- 検面調書 ・ កំណត់ហេតុស្ដីពីចម្លើយចំពោះមុខព្រះរាជអាជ្ញា

・権利保釈	ការដោះលែងដោយផ្អែកលើសិទ្ធិ
・牽連犯	ឧក្រិដ្ឋកម្មជាប់គ្នា, ឧក្រិដ្ឋកម្មទាក់ទងគ្នា
・故意	ចេតនា
・合意書面	ឯកសារព្រមព្រៀង
・勾引状	ដីកានាំខ្លួន
・勾引する	នាំខ្លួន
・合議体	ក្រុមប្រឹក្សាជំនុំជម្រះ
・公共職業安定所（職安）	មន្ទីរសេវាភាពការងារសាធារណៈ
・抗拒不能	អសមត្ថភាពក្នុងការតទល់
・後見監督人	អ្នកត្រួតពិនិត្យអាណាព្យាបាល
・後見人	អាណាព្យាបាល
・抗告	បណ្តឹងជំទាស់
・抗告裁判所	តុលាការនៃបណ្តឹងជំទាស់
・抗告の趣旨	គោលបំណងនៃការប្តឹងជំទាស់
・抗告の取下げ	ការដកពាក្យបណ្តឹងជំទាស់
・公使	ភារៈធារី
・強取する	ប្លន់
・公序良俗	សណ្តាប់ធ្នាប់សាធារណៈនិងទំនៀមទម្លាប់ល្អ
・更新する	បន្ត (កិច្ចសន្យាជាដើម), ធ្វើសាជាថ្មី
・更生	យុវនីតិសម្បទា
・更正決定	ដីកាសម្រេចយុវនីតិសម្បទា
・構成裁判官	ចៅក្រមដែលជាសមាជិក
・構成要件	លក្ខខណ្ឌដែលជាធាតុផ្សំ
・厚生労働省	ក្រសួងសុខាភិបាល ការងារ និង សុខុមាលភាព
・厚生労働大臣	រដ្ឋមន្ត្រីក្រសួងសុខាភិបាល ការងារ និង សុខុមាលភាព
・控訴	បណ្តឹងឧទ្ធរណ៍

・公訴	・បណ្ដឹងអាជ្ញា
・公訴棄却	・ច្រានចោលនូវបណ្ដឹងអាជ្ញា
・控訴棄却	・ច្រានចោលនូវបណ្ដឹងឧទ្ធរណ៍
・公訴権濫用	・ការប្រើដោយបំពានន្ទរសិទ្ធិចោទប្រកាន់
・控訴裁判所	・តុលាការនៃបណ្ដឹងឧទ្ធរណ៍
・公訴時効	・អាជ្ញាយុកាលនៃការចោទប្រកាន់
・公訴事実	・អង្គហេតុចោទប្រកាន់
・控訴趣意書	・គោលបំណងនៃបណ្ដឹងឧទ្ធរណ៍
・控訴審	・ការជំនុំជម្រះនៃបណ្ដឹងឧទ្ធរណ៍
・公訴提起	・ការដាក់ពាក្យបណ្ដឹងអាជ្ញា
・控訴提起期間	・កំឡុងពេលនៃការដាក់បណ្ដឹងឧទ្ធរណ៍
・控訴申立書	・សំណុំពាក្យប្ដឹងឧទ្ធរណ៍
・控訴理由	・មូលហេតុនៃការប្ដឹងឧទ្ធរណ៍
・拘置所	・កន្លែងឃុំខ្លួន
・交通切符	・បណ្ណពិន័យបទល្មើសចរាចរ
・交通事件原票	・របាយការណ៍ស្ដីពីបទ្បាចរាចរ
・交通反則金	・ប្រាក់ពិន័យបទល្មើសច្បាប់ចរាចរ
・口頭	・តាមមាត់
・高等検察庁（高検）	・អយ្យការអមសាលាឧទ្ធរណ៍
・高等裁判所（高裁）	・សាលាឧទ្ធរណ៍
・高等裁判所長官	・ប្រធានសាលាឧទ្ធរណ៍
・口頭弁論	・ការទាញហេតុផលដោយផ្ទាល់មាត់
・公判期日	・កាលបរិច្ឆេទនៃការជំនុំជម្រះ
・公判準備	・ការត្រៀមធ្វើការជំនុំជម្រះ
・公判調書	・កំណត់ហេតុនៃការជំនុំជម្រះ
・公判廷	・សាលសវនាការ

- 公判手続 ・ នីតិវិធីនៃការជំនុំជម្រះ
- 公判前整理手続 ・ នីតិវិធីរៀបចំមុនការជំនុំជម្រះ
- 公判前整理手続期日 ・ កាលបរិច្ឆេទនៃនីតិវិធីរៀបចំមុនការជំនុំជម្រះ
- 公判前整理手続調書 ・ កំណត់ហេតុនៃនីតិវិធីរៀបចំមុនការជំនុំជម្រះ
- 交付送達 ・ ការបញ្ជូនដោយការប្រគល់
- 公文書 ・ ឯកសារសាធារណៈ
- 公務員 ・ មន្ត្រីសាធារណៈ
- 拷問 ・ ការធ្វើទារុណកម្ម
- 公用文書 ・ ឯកសារប្រើជាសាធារណៈ
- 勾留 ・ ការឃុំខ្លួន
- 拘留 ・ ការឃុំឃាំង, ការឃុំខ្លួន(ដាក់គុក)
- 勾留執行停止 ・ ការបង្អាកការឃុំខ្លួន
- 勾留状 ・ ដីកាឃុំខ្លួន
- 勾留理由開示 ・ ការបង្ហាញអំពីមូលហេតុនៃការឃុំខ្លួន
- コカイン ・ កូកាអ៊ីន
- 呼気アルコール濃度 ・ ជាតិអាកុលក្នុងដង្ហើម, ដង់ស៊ីតេអាកុលក្នុងដង្ហើម
- 語気を荒げて ・ និយាយកឺងសឺក, និយាយសម្លេងខ្លាំងៗ
- 国外犯 ・ ឧក្រិដ្ឋកម្មក្រៅប្រទេស
- 国際司法共助 ・ សហការអន្តរជាតិវិស័យយុត្តិធម៌
- 国籍 ・ សញ្ជាតិ
- 国選被害者参加弁護士 ・ មេធាវីជនរងគ្រោះដែលចូលរួមជ្រើសរើសដោយរដ្ឋ
- 国選弁護人 ・ មេធាវីជ្រើសរើសដោយរដ្ឋ
- 告訴 ・ ការចោទប្រកាន់, ការប្តឹង (ដោយអ្នកពាក់ព័ន្ធ)
- 告訴状 ・ ពាក្យបណ្តឹង
- 告知する ・ ប្រកាសប្រាប់
- 告発 ・ ការប្តឹង (ដោយតតិយជន)

- 告発状
- ពាក្យបណ្តឹង

- 戸籍抄本
- ឯកសារសម្រង់នៃគោលបញ្ជីអត្រានុកូលដ្ឋាន

- 戸籍謄本
- ឯកសារចម្លងនៃគោលបញ្ជីអត្រានុកូលដ្ឋាន

- 護送
- ការដឹកជញ្ជូនដោយមានការការពារ

- 誤想防衛
- ស៊ុយការពារដោយមានការភាន់ច្រឡំ

- 国家公安委員会
- គណកម្មការសន្តិសុខជាតិ

- 誤判
- ការវិនិច្ឆ័យខុស

【さ　行】

- 罪刑法定主義
- គោលការណ៍នៃការដាក់ទណ្ឌកម្មតាមការកំណត់នៃច្បាប់

- 裁決
- ការវិនិច្ឆ័យ

- 最高検察庁（最高検）
- មហាអយ្យការអមតុលាការកំពូល

- 再抗告
- ការប្តឹងជំទាស់សាជាថ្មី

- 最高裁判所（最高裁）
- តុលាការកំពូល

- 最高裁判所長官
- ប្រធានតុលាការកំពូល

- 最高裁判所判事
- ចៅក្រមតុលាការកំពូល

- 最終弁論
- ការទាញហេតុផលចុងក្រោយ

- 罪証隠滅のおそれ
- អាចមានការបំបាត់ភស្តុតាង

- 罪状認否
- ការទទួលស្គាល់ ឬមិនទទួលស្គាល់អង្គហេតុដែលត្រូវបានចោទ

- 再審
- ការជំនុំជម្រះសាជាថ្មី

- 再審開始決定
- ដីកាសម្រេចចាប់ផ្តើមជំនុំជម្រះសាជាថ្មី

- 再審事由
- មូលហេតុនៃការជំនុំជម្រះសាជាថ្មី

- 罪数
- ចំនួនទោស

- 罪体
- មុខសញ្ញានៃឧក្រិដ្ឋកម្ម

- 在庁略式手続
- នីតិវិធីសង្ខេបនៃស្ថាប័ន

- 在廷証人
- សាក្សីដែលនៅក្នុងសាលសវនាការ

・再入国許可	・ការអនុញ្ញាតឱ្យចូលប្រទេសជប៉ុនម្ដងទៀត
・採尿手続	・នីតិវិធីយកទឹកនោម
・再犯	・ការប្រព្រឹត្តខុសក្រិមួកម្មជាថ្មី
・裁判	・ការជំនុំជម្រះ
・裁判員	・សមាជិកនៃគណ:វិនិច្ឆ័យ
・裁判員候補者	・បេក្ខជនសមាជិកនៃគណ:វិនិច្ឆ័យ
・裁判員等選任手続	・នីតិវិធីចាត់តាំងសមាជិកគណ:វិនិច្ឆ័យ ជាអាទិ៍
・再犯加重	・ការដាក់ទោសធ្ងន់ជាងធម្មតា ចំពោះអ្នកប្រព្រឹត្តខុសក្រិមួកម្មជាថ្មី
・裁判官	・ចៅក្រម
・裁判官の面前における供述	・ការផ្ដល់ងនៅចំពោះមុខចៅក្រម
・裁判権	・សិទ្ធិនៃការសម្រេចសេចក្ដី, យុត្តាធិការ
・裁判所	・តុលាការ
・裁判所事務官	・មន្ត្រីតុលាការ
・裁判所書記官	・ក្រឡាបញ្ជីតុលាការ
・裁判所速記官	・មន្ត្រីជរលេខតុលាការ
・再反対尋問	・ការសាកសួរតបសាជាថ្មី
・裁判長	・ប្រធាននៃក្រុមប្រឹក្សាជំនុំជម្រះ
・裁判を受ける権利	・សិទ្ធិទទួលនូវការជំនុំជម្រះ
・財物	・ទ្រព្យ
・罪名	・បទចោទប្រកាន់, ឈ្មោះបទល្មើស
・在留期間の更新許可	・ការអនុញ្ញាតពន្យារក់ឡុងពេលស្នាក់នៅ
・在留資格	・លក្ខណ:សម្បត្តិស្នាក់នៅ
・在留資格証明書	・លិខិតបញ្ជាក់លក្ខណ:សម្បត្តិស្នាក់នៅ
・裁量保釈	・ការដោះលែងជាបណ្ដោះអាសន្នដោយឆន្ទានុសិទ្ធ
・錯誤	・ការកាន់ច្រឡំ
・酒酔い・酒気帯び鑑識カード	・កាតពិនិត្យការស្រវឹងស្រា និងមានក្លិនស្រា

・差押え	・ការរឹបអូស
・差押調書	・កំណត់ហេតុនៃការរឹបអូស
・差し戻す	・បញ្ជូនត្រឡប់ទៅវិញ
・査証（ビザ）	・ទិដ្ឋាការ
・査証相互免除	・ការអនុគ្រោះទិដ្ឋាការទៅវិញទៅមក
・参考人	・អ្នកហៅមកសាកសួរ
・資格外活動許可	・ការអនុញ្ញាតឱ្យធ្វើសកម្មភាពក្រៅពីលក្ខណៈសម្បត្តិស្នាក់នៅ
・自救行為	・អំពើជួយខ្លួនឯង
・死刑	・ទោសប្រហារជីវិត
・事件受理	・ការទទួលរឿងក្តី
・時効	・អាជ្ញាយុកាល
・事後審	・ការវិនិច្ឆ័យតាមក្រោយ
・自己に不利益な供述	・ការថ្លែងដែលនាំឱ្យខូចផលប្រយោជន៍ខ្លួនឯង
・自己負罪拒否特権	・សិទ្ធិពិសេសប្រតែកមិនទទួលឧទ្ទរការបង្ខំឱ្យថ្លែងអ្វីៗដែលធ្វើឱ្យ
	បាត់បង់ផលប្រយោជន៍ខ្លួនឯង
・自己矛盾の供述	・ការថ្លែងប្រតិមតិដោយខ្លួនឯង
・事実誤認	・ការទទួលស្គាល់អង្គហេតុដោយខុសឆ្គង
・事実審	・ការជំនុំជម្រះលើអង្គសេចក្តី
・事実の錯誤	・ការភាន់ច្រឡំអង្គហេតុ
・事実の取調べをする	・ការពិនិត្យតស្តាងនៃអង្គហេតុ
・自首	・ការសារភាព
・事前準備	・ការត្រៀមជាមុន
・私選弁護人	・មេធាវីដែលពឹងពាក់ដោយខ្លួនឯង
・刺創	・មុខរបួសដោយសារវត្ថុស្រួចចុចមុត
・死体検案書	・សំបុត្រពេទ្យបញ្ជាក់ការពិនិត្យសព
・辞退事由	・មូលហេតុនៃការបដិសេធមិនទទួល

- 示談書 ・ កំណត់ហេតុនៃការសះជា
- 示談する ・ សះជា
- 次長検事 ・ អគ្គព្រះរាជអាជ្ញារង
- 市町村 ・ ក្រុងស្រុកឃុំភូមិ
- 市町村長 ・ អភិបាលក្រុងស្រុកឃុំភូមិ
- 失火 ・ ការបង្កើតអគ្គីភ័យដោយការធ្វេសប្រហែស
- 実況見分調書 ・ កំណត់ហេតុនៃការស្រាវជ្រាវផ្ទាល់ទីកន្លែង
- 実刑 ・ ការដាក់ទោសឱ្យជាប់ពន្ធនាគារ
- 失血死 ・ មរណភាពដោយសារចេញឈាមច្រើន
- 執行 ・ ការអនុវត្តន៍
- 実行行為 ・ អំពើដែលបានធ្វើ
- 執行停止 ・ ការបង្អាកការអនុវត្តន៍
- 実行の着手 ・ ការចាប់ផ្តើមធ្វើ
- 質問票 ・ ប័ណ្ណសំនួរ
- 指定医療機関 ・ ស្ថាប័នពេទ្យដែលត្រូវបានកំណត់
- 指定侵入工具 ・ ឧបករណ៍ប្រើសម្រាប់ឈ្លានពានចូលអាគារជាអាទ៍ដែលត្រូវបានកំណត់
- 指定通院医療機関 ・ ស្ថាប័នពេទ្យដែលត្រូវបានកំណត់ឱ្យទៅព្យាបាល
- 指定入院医療機関 ・ ស្ថាប័នពេទ្យដែលត្រូវបានកំណត់ឱ្យចូល
- 刺突 ・ ចាក់
- 児童買春 ・ ពេស្យាចារលើកុមារ
- 自白 ・ ការសារភាព
- 自費出国 ・ ការចេញពីប្រទេសដោយសោហ៊ុយខ្លួនឯង
- 事物管轄 ・ សមត្ថកិច្ចនៃការជំនុំជម្រះលើកទីមួយ
- 司法警察員 ・ មន្ត្រីនគរបាលយុត្តិធម៌
- 司法警察職員 ・ បុគ្គលិកនគរបាលយុត្តិធម៌

・司法巡査	・ប៉ូលិសយុត្តិធម៌
・死亡診断書	・សំបុត្រពេទ្យបញ្ជាក់មរណភាព
・始末書	・សំបុត្រសុមទោស, លិខិតសុមទោស
・氏名照会回答書	・ឯកសារចម្លើយចំពោះការស្នើបញ្ជាក់នាមត្រកូល
・指紋照会回答書	・ឯកសារចម្លើយចំពោះការស្នើបញ្ជាក់ស្នាមម្រាមដៃ
・社会通念	・ទម្លាប់ក្នុងសង្គម
・社会的相当行為	・អំពើដែលគេធ្វើជាធម្មតាក្នុងសង្គម
・社会に復帰することを促進する	・ជម្រុញឱ្យចូលរួមស់ក្នុងសង្គមវិញ
・社会復帰調整官	・មន្ត្រីអង្គតអំពីការរួមស់ក្នុងសង្គមវិញ
・釈放	・ការដោះលែង
・釈明	・ការពន្យល់ដោះសារ
・酌量減軽	・ការសម្រាលទោសដោយពិចារណាអំពីស្ថានភាពផ្សេងៗ
・写真撮影報告書	・របាយការណ៍ស្តីពីការថតរូប
・遮へい	・ការបាំង
・重過失	・ការធ្វេសប្រហែសធ្ងន់ធ្ងរ
・収容	・ការបញ្ចូល, ការឃុំ, ការបង្ខាំង
・住居	・លំនៅដ្ឋាន
・就職禁止事由	・មូលហេតុនៃការហាមធ្វើការងារ
・囚人	・ទណ្ឌិត
・自由心証主義	・គោលការណ៍នៃជំនឿទុកចិត្តដោយសេរី
・周旋する	・ណែនាំក្នុងនាមជាលក្ខណ្ឌកណ្តាល(នៃការជួញជួរផ្លូវភេទ ជាដើម)
・重大な事実の誤認	・ការទទួលស្គាល់នូវអង្គហេតុសំខាន់ៗដោយការភាន់ច្រឡំ
・（重大な）他害行為	・អំពើធ្វើឱ្យមានគ្រោះថ្នាក់ដល់អ្នកដទៃ (ធ្ងន់ធ្ងរ)
・自由な証明	・ការបញ្ជាក់ភស្តុតាងដោយសេរី
・従犯	・ការចូលរួមក្នុងឧក្រិដ្ឋកម្ម, អ្នកចូលរួមក្នុងឧក្រិដ្ឋកម្ម
・主観的違法要素	・កត្តាខុសច្បាប់ដែលមានលក្ខណៈវត្ថុវិស័យ

・酒気帯び	・អានក្លិនអាកុល
・主刑	・ទោសចំបង
・受刑者	・ទណ្ឌិត
・主尋問	・ការសោកសួរចំបង
・受訴裁判所	・តុលាការដែលទទួលបណ្ដឹង
・受託裁判官	・ចៅក្រមទទួលភារកិច្ច
・出国命令	・ការបង្គាប់ឱ្យចេញពីប្រទេសជប៉ុន
・出頭	・ការបង្ហាញខ្លួន
・出頭命令	・ដីកាកោះ
・出入国記録	・កំណត់ស្ដីពីការចេញចូលប្រទេសជប៉ុន
・主任弁護人	・មេធាវីចម្បង, មេធាវីទទួលខុសត្រូវ
・主犯	・អ្នកប្រព្រឹត្តបទល្មើសចម្បង
・主文（判決主文）	・សេចក្ដីសម្រេចចប្បាប់
・受命裁判官	・ចៅក្រមទទួលបង្គាប់
・主要事実	・អង្គហេតុចម្បង
・準起訴手続	・នីតិវិធីប្រហាក់ប្រហែលការចោទប្រកាន់
・準抗告	・ឧបបណ្ដឹងជំទាស់
・巡査	・ប៉ូលិស
・巡査長	・នាយប៉ូលិស
・巡査部長	・នាយផ្នែក
・遵守事項	・ចំណុចដែលត្រូវគោរព
・照会	・ការសួរបញ្ជាក់
・傷害	・របួស
・召喚	・ការកោះហៅ
・召喚状	・ដីកាកោះហៅ
・召喚する	・កោះហៅ

・情況（状況）証拠	・ភស្តុតាងប្រយោល, ភស្តុតាងជាសភាពការណ៍
・証言	・ចម្លើយជាក់សិណសាក្សី, ការផ្តល់សក្ខីកម្ម
・証拠	・ភស្តុតាង
・証拠開示	・ការបង្ហាញភស្តុតាង
・上告	・បណ្តឹងសាទុក្ខ
・上告趣意書	・គោលបំណងនៃការផ្តើងសាទុក្ខ
・上告審	・ការជំនុំជម្រះបណ្តឹងសាទុក្ខ
・上告理由	・មូលហេតុនៃការផ្តើងសាទុក្ខ
・証拠決定	・ការសម្រេចការពិនិត្យភស្តុតាង
・証拠書類	・ឯកសារភស្តុតាង
・証拠調べ	・ការពិនិត្យភស្តុតាង
・証拠資料	・ឯកសារភស្តុតាង
・証拠説明	・ការពន្យល់អំពីភស្តុតាង
・証拠等関係カード	・បណ្ណស្តីពីភស្តុតាងជាអាទិ៍
・証拠能力	・សមត្ថភាពនៃការបញ្ជាក់ភស្តុតាង
・証拠の提示	・ការបង្ហាញភស្តុតាង
・証拠の標目	・ចំណងជើងភស្តុតាង
・証拠排除	・ការដកភស្តុតាងចេញ
・証拠物	・វត្ថុតាង
・証拠方法	・វិធីបញ្ជាក់ភស្តុតាង
・証拠保全	・ការរក្សាការពារភស្តុតាង
・常習性	・ជាទម្លាប់
・常習犯	・ឧក្រិដ្ឋកម្មជាទម្លាប់, អ្នកប្រព្រឹត្តឧក្រិដ្ឋកម្មញឹកញាប់
・情状	・សភាពការណ៍
・情状酌量	・ការសម្រាលទោសតាមសភាពការណ៍
・上申書	・លិខិតបញ្ជាញមតិយោបល់

・上訴	・ការប្តឹងឧទ្ធរណ៍ទៅតុលាការជាន់ខ្ពស់
・上訴権者	・អ្នកប្តឹងឧទ្ធរណ៍ទៅតុលាការជាន់ខ្ពស់
・上訴裁判所	・តុលាការផ្ដន្ទោទម្រេចបណ្ដឹងឧទ្ធរណ៍
・上訴趣意書	・គោលបំណងនៃការប្តឹងឧទ្ធរណ៍ទៅតុលាការជាន់ខ្ពស់
・上訴提起期間	・កំឡុងពេលនៃការប្តឹងឧទ្ធរណ៍
・上訴の取下げ	・ការដកបណ្ដឹងឧទ្ធរណ៍
・上訴の放棄	・ការបោះបង់ចោលបណ្ដឹងឧទ្ធរណ៍
・焼損する	・ឆេះបាត់
・証人	・សាក្សី
・証人尋問	・ការសោកសួរសាក្សី
・証人尋問調書	・កំណត់ហេតុនៃការសោកសួរសាក្សី
・証人等特定事項	・ចំណុចពិសេសស្ដីពីសាក្សីជាដើម
・少年	・អនីតិជន
・少年院	・មណ្ឌលអប់រំអនីតិជន
・少年刑務所	・ពន្ធនាគារអនីតិជន
・条文	・បញ្ញត្តិច្បាប់
・小法廷	・សាលសវនាការតូច (តុលាការកំពូល)
・抄本	・ឯកសារសម្រង់
・証明予定事実	・អង្គហេតុដែលនឹងបញ្ជាក់ដោយភស្តុតាង
・証明力	・អានុភាពភស្តុតាង
・条約	・សន្ធិសញ្ញា
・上陸拒否事由	・មូលហេតុនៃការមិនឲ្យចូលប្រទេសជប៉ុន
・条例	・បទដ្ឋានតិយុត្តិ
・除外決定	・ដីកាសម្រេចដកចេញ
・処遇事件	・រឿងដែលបានចាត់ចែង
・嘱託する	・ផ្ញើកផ្ទាក់

・職務質問	・ការសួរដោយប៉ូលិស
・職務従事予定期間	・កំឡុងពេលដែលនឹងធ្វើការងារ
・所持品検査	・ការពិនិត្យវត្ថុដែលកាន់កាប់
・書証	・ភស្តុតាងជាឯកសារ
・除斥	・ការដកហូត (សិទ្ធិ)
・処断する	・វិនិច្ឆ័យ
・職権	・ដោយឯន្ទានុសិទ្ធិ
・職権証拠調べ	・ការពិនិត្យភស្តុតាងដោយឯន្ទានុសិទ្ធិ
・職権調査	・ការស្រាវជ្រាវដោយឯន្ទានុសិទ្ធិ
・職権保釈	・ការដោះលែងដោយឯន្ទានុសិទ្ធិ
・職権濫用	・ការប្រើសិទ្ធិដោយបំពាន
・処罰条件	・លក្ខខណ្ឌដាក់ទោស
・初犯	・បទល្មើសលើកដំបូង
・署名	・ចុះហត្ថលេខា
・資力申告書	・លិខិតប្រកាសទ្រព្យ
・信義則	・គោលការណ៍នៃភាពសុចរិតនិងភាពសច្ចៈ
・人権擁護局	・នាយកដ្ឋានការពារសិទ្ធិមនុស្ស
・親告罪	・ទោសដែលអាចផ្តន្ទាទោសបានតាមរយៈតែការដាក់ពាក្យបណ្តឹង
・審査補助員	・ជំនួយការក្នុងការពិនិត្យ
・心証	・ជំនឿទុកចិត្ត
・身上照会回答書	・ឯកសារចម្លើយស្តីពីការសួរអំពីសាវតៈខ្លួន
・心神耗弱	・ការចុះថយនៃការទទួលខុសត្រូវ
・心神喪失	・ការបាត់បង់សតិ
・審尋	・ការសួរ
・人身取引	・ការជួញដូរមនុស្ស
・真正な	・មែនទែន, ពិតប្រាកដ, សុក្រឹត

- 親族相盗 ・ បទលួចរបស់សាច់ញាតិ
- 身体検査 ・ ការតែកខ្លួនប្រាណ
- 身体検査令状 ・ ដីកាតែកខ្លួនប្រាណ
- 診断書 ・ សំបុត្រពេទ្យ
- 人定質問 ・ ការសួរអំពីអត្តសញ្ញាណ
- シンナー ・ ថ្នាំសម្រាប់លាយថ្នាំពណ៌ (ការហិត)
- 審判 ・ ការសម្រេច, ការវិនិច្ឆ័យ (តុលាការគ្រួសារ ជាដើម)
- 審判期日 ・ កាលបរិច្ឆេទនៃការសម្រេច
- 審判調書 ・ កំណត់ហេតុនៃការសម្រេច
- 尋問事項 ・ ចំណុចដែលសួរ
- 尋問する ・ សួរ
- 信用性 ・ ភាពអាចជឿទុកចិត្ត
- 信頼の原則 ・ គោលការណ៍នៃជំនឿទុកចិត្តលើទង្វើក្រឹមក្រូ
- 審理不尽 ・ ការវិនិច្ឆ័យមិនពេញលេញ
- 推定する ・ សន្និដ្ឋាន
- 性格異常 ・ លក្ខណៈចរិកមិនប្រក្រតី
- 生活環境 ・ ស្ថានភាពរស់នៅ
- 税関 ・ គយ
- 請求による裁判員等の解任 ・ ការដកហូតតំណែងសមាជិកនៃគណៈវិនិច្ឆ័យតាមរយៈការទាមទារជាអាទិ៍
- 正式裁判 ・ ការជំនុំជម្រះជាផ្លូវការ
- 正式裁判請求 ・ ការទាមទារនូវការជំនុំជម្រះជាផ្លូវការ
- 精神鑑定 ・ កោសលវិច័យផ្លូវចិត្ត
- 精神障害者 ・ អ្នកមានជម្ងឺផ្លូវចិត្ត
- 精神障害を改善する ・ ព្យាបាលជម្ងឺផ្លូវចិត្ត
- 精神病 ・ ជម្ងឺផ្លូវចិត្ត

・精神病質	・ខ្សោយខាងផ្លូវចិត្ត, មានជម្ងឺផ្លូវចិត្ត
・精神保健観察	・ការតាមដានពិនិត្យសុខភាពផ្លូវចិត្ត
・精神保健参与員	・អ្នកផ្ដល់យោបល់អំពីសុខភាពផ្លូវចិត្ត
・精神保健指定医	・វេជ្ជបណ្ឌិតសុខភាពផ្លូវចិត្តដែលត្រូវបានកំណត់
・精神保健審判員	・អ្នកវិនិច្ឆ័យអំពីសុខភាពផ្លូវចិត្ត
・精神保健判定医	・វេជ្ជបណ្ឌិតពិនិត្យសុខភាពផ្លូវចិត្ត
・精神保健福祉士	・ការីសុខភាពសុខុមាលភាពផ្លូវចិត្ត
・正当業務行為	・សកម្មភាពការងារស្របច្បាប់
・正当防衛	・ស៊ុយការពារ
・正犯	・ជនប្រព្រឹត្តបទឧក្រិដ្ឋសម្បេង
・正本	・ឯកសារចម្លងយថាភូត
・声紋	・ដានសម្លេង
・政令	・អនុក្រឹត្យ
・責任	・ការទទួលខុសត្រូវ
・責任軽減事由	・មូលហេតុនៃការកាត់បន្ថយការទទួលខុសត្រូវ
・責任阻却事由	・មូលហេតុនៃការបដិសេធការទទួលខុសត្រូវ
・責任能力	・សមត្ថភាពទទួលខុសត្រូវ
・責任無能力者	・ជនអសមត្ថភាពក្នុងការទទួលខុសត្រូវ
・責任要素	・កត្តានៃការទទួលខុសត្រូវ
・責問権の放棄	・ការបោះបង់ចោលនូវសិទ្ធិតវ៉ា
・是正命令	・ដីកាបង្ខាប់ឱ្យកែសម្រួល
・接見	・ការជួប (មេធាវី ជាដើម)
・接見禁止	・ការហាមជួបមេធាវី
・接見交通	・ការជួបមេធាវីដោយគ្មានវត្តមានអ្នកយាម
・窃取	・ការលួច
・絶対的控訴理由	・មូលហេតុផ្ដិងឧទ្ធរណ៍ជាចំខាត

- 是非弁別 ・ ការដឹងខុសត្រូវ
- 前科 ・ ទោសពីមុន
- 前科調書 ・ បញ្ជីផ្ទាលទោស
- 宣告する ・ ការប្រកាស
- 宣誓 ・ ការសច្ចា, ការស្បេច
- 専属管轄 ・ សមត្ថកិច្ចផ្ដាច់មុខ
- 選任決定 ・ ដីកាសម្រេចចាត់តាំង
- 選任予定裁判員 ・ សមាជិកនៃគណៈវិនិច្ឆ័យដែលនឹងត្រូវបានចាត់តាំង
- 訴因 ・ មូលហេតុនៃការចោទប្រកាន់
- 訴因変更 ・ ការប្ដូរមូលហេតុនៃការចោទប្រកាន់, ការប្ដូរការចោទប្រកាន់
- 訴因を明示する ・ ការបង្ហាញអំពីមូលហេតុនៃការចោទប្រកាន់
- 捜査 ・ ការស៊ើបអង្កេត
- 捜査機関 ・ ស្ថាប័នស៊ើបអង្កេត
- 捜査記録 ・ កំណត់ហេតុនៃការស៊ើបអង្កេត
- 捜索 ・ ការឆែកឆេរ
- 捜索差押許可状 ・ ដីកាអនុញ្ញាតឱ្យរឹបអូសពេលឆែកឆេរ
- 捜索差押調書 ・ កំណត់ហេតុនៃការរឹបអូសពេលឆែកឆេរ
- 捜索状 ・ ដីកាឆែកឆេរ
- 捜索調書 ・ កំណត់ហេតុនៃការឆែកឆេរ
- 捜査照会回答書 ・ ឯកសារចម្លើយចំពោះសំនួរអំពីអ្វីៗដែលចង់ស៊ើបអង្កេត
- 捜査状況報告書 ・ របាយការណ៍អំពីស្ថានភាពនៃការស៊ើបអង្កេត
- 送達する ・ ធ្វើការបញ្ជូន, បញ្ជូន
- 送致する ・ បញ្ជូន
- 相当因果関係 ・ ទំនាក់ទំនងហេតុនិងផលសមស្រប
- 相当な理由 ・ មូលហេតុសមស្រប
- 遡及処罰の禁止 ・ ការហាមដាក់ទោសប្រតិសកម្ម

・即時抗告　　　　　　　　　・ការប្ដឹងជំទាស់បន្ទាន់

・訴訟記録　　　　　　　　　・កំណត់ហេតុនៃរឿងក្ដី

・訴訟係属　　　　　　　　　・កំពុងជាប់បណ្ដឹង

・訴訟行為　　　　　　　　　・សកម្មភាពបណ្ដឹង

・訴訟指揮　　　　　　　　　・ការដឹកនាំបណ្ដឹង

・訴訟条件　　　　　　　　　・លក្ខខណ្ឌបណ្ដឹង

・訴訟手続　　　　　　　　　・នីតិវិធីបណ្ដឹង

・訴訟手続の法令違反　　　　・ផុយច្បាប់និងបទដ្ឋានគតិយុត្តិនៃនីតិវិធីបណ្ដឹង

・訴訟能力　　　　　　　　　・សមត្ថភាពក្នុងការធ្វើបណ្ដឹង

・訴訟費用　　　　　　　　　・ប្រាក់ប្រដាប់ក្ដី

・速記　　　　　　　　　　　・ការកត់ត្រាដោយជរលេខ

・即決裁判手続　　　　　　　・នីតិវិធីជំនុំជម្រះដោយចេញសាលក្រមឆាប់ៗ

・疎明　　　　　　　　　　　・ការបញ្ជាក់ជំហូង

・疎明資料　　　　　　　　　・ឯកសារបញ្ជាក់ជំហូង

・損害賠償命令　　　　　　　・ការបង្គាប់ឱ្យសងសំណងនៃការខូចខាត

【た　行】

・第一審　　　　　　　　　　・ការជំនុំជម្រះលើកទីមួយ

・退院　　　　　　　　　　　・ការចេញពីពេទ្យ

・退去強制令書　　　　　　　・ដីកាបង្គាប់ឱ្យចេញ

・大使　　　　　　　　　　　・អគ្គរាជទូត

・大使館　　　　　　　　　　・ស្ថានទូត

・対質　　　　　　　　　　　・ការស្ទេរគតាំង

・大赦　　　　　　　　　　　・ការលើកលែងទោស

・対象行為　　　　　　　　　・សកម្មភាពដែលជាមុខសញ្ញា

・対象事件　　　　　　　　　・រឿងដែលជាមុខសញ្ញា

・対象者	・អ្នកដែលជាមុខសញ្ញា
・代替収容	・ការបង្ខាំងទុកជំនួស
・退廷しなさい	・ចូរចេញពីសាលសវនាការ
・退廷命令	・ការបង្គាប់ឲ្យចេញពីសាលសវនាការ
・逮捕	・ការចាប់ខ្លួន
・大法廷	・សាលសវនាការធំ (តុលាការកំពូល)
・逮捕状	・ដីកាចាប់ខ្លួន
・大麻	・កញ្ឆា
・大麻樹脂	・ជ័រចម្រាញ់ពីកញ្ឆា
・大麻草	・ស្លឹកកញ្ឆា
・代理権	・សិទ្ធិតំណាង
・立会い	・ការចូលរួម, វត្តមាន
・弾劾証拠	・ភស្តុតាងដើម្បីចោទទម្រាន់
・嘆願書	・ពាក្យសុំដោយទទូចអង្វរ
・単独犯	・ការប្រព្រឹត្តឧក្រិដ្ឋកម្មតែឯង
・知的障害	・ឧបសគ្គខាងបញ្ញា
・地方検察庁（地検）	・អយ្យការអមសាលាដំបូង
・地方検察庁支部	・សាខានៃអយ្យការអមសាលាដំបូង
・地方公共団体	・អង្គភាពរដ្ឋបាលមូលដ្ឋាន
・地方裁判所（地裁）	・សាលាដំបូង
・地方裁判所支部	・សាខានៃសាលាដំបូង
・地方法務局	・មន្ទីរនីត្យានុកូលកម្មតំបន់
・注意義務	・កាតព្វកិច្ចប្រយ័ត្ន
・中央更生保護審査会	・គណកម្មការពិនិត្យការពារនិងនីតិសម្បទា
・中止犯	・ការបង្អាកឧក្រិដ្ឋកម្ម
・中止未遂	・ការបង្អាកមិនប្រព្រឹត្តឧក្រិដ្ឋកម្ម

・懲役	・ការដាក់ពន្ធនាគារ (ដោយតម្រូវឱ្យធ្វើការ)
・長期3年以上	・រយៈពេលវែងពីបីឆ្នាំឡើងទៅ
・調書	・របាយការណ៍, កំណត់ហេតុ
・調書判決	・ការចេញសាលក្រមដោយផ្អែកលើឯកសារស្រាវជ្រាវ
・直接証拠	・ភស្តុតាងផ្ទាល់
・陳述する	・ថ្លែងការណ៍
・追完する	・អនុវត្តពេញលេញ
・追起訴	・បណ្តឹងបន្ថែម
・追徴	・ការទាមទារឱ្យបង់បន្ថែម
・追徴保全	・ការរក្សាការពារទ្រព្យ
・通院期間の延長	・ការពន្យារពេលចូលគេងពេទ្យ
・通常逮捕	・ការចាប់ខ្លួនធម្មតា
・通達	・សេចក្តីណែនាំ
・通訳	・ការបកប្រែ
・付添い	・ការមកតាម, ភ្នែកមានជាមួយ
・付添人	・អ្នកមានវត្តមានជាមួយ, អ្នកមកតាម
・つきまとい	・ការដើរតាម, ការដើរតាមរំខាន
・罪となるべき事実	・អង្គហេតុដែលជាធាតុផ្សំនៃបទល្មើស
・罪を犯したことを疑うに足りる充 分な理由	・មូលហេតុគ្រប់គ្រាន់ដែលអាចសង្ស័យថា បានប្រព្រឹត្តបទក្រិដ្ឋកម្ម
・罪を行い終わってから間がない	・ទើបតែបានប្រព្រឹត្តបទក្រិដ្ឋកម្ម
・連戻状	・ដីកានាំខ្លួនមកវិញ
・連れ戻す	・នាំខ្លួនមកវិញ
・DNA鑑定	・ការធ្វើកោសោលវិច័យ DNA
・提出命令	・ការបង្គាប់ឱ្យដាក់
・廷吏	・បុគ្គលិកតុលាការ

・撤回	・ការដកវិញ
・電子計算機	・ម៉ាស៊ីនគណនាអេឡិកត្រូនិក
・電磁的記録	・កំណត់អេឡិកត្រូម៉ាញេទិក
・伝聞供述	・សេចក្តីថ្លែងតាមរយៈការស្តាប់តពីគេ
・伝聞証拠	・ភស្តុតាងដែលបានស្តាប់បន្តពីគេ
・伝聞法則	・គោលការណ៍នៃការស្តាប់បន្តពីគេ
・電話聴取書	・របាយការណ៍នៃការស្ដេតាមរយៈទូរស័ព្ទ
・同意	・ការយល់ព្រម, ឯកភាព
・道義的責任	・ការទទួលខុសត្រូវសីលធម៌
・統合失調症	・ជម្ងឺខូចក្បាល
・同行状	・ដីកានាំខ្លួន
・同行する	・ទៅជាមួយ
・当事者	・ភាគី
・謄写する	・ចម្លង
・盗聴	・ការលួចស្តាប់
・答弁書	・ឯកសារចម្លើយ
・謄本	・ឯកសារចម្លង
・特殊開錠用具	・ឧបករណ៍ពិសេសសម្រាប់បើកសោ
・特定侵入行為	・សកម្មភាពឈ្លានពានពិសេស
・特に信用すべき情況（特信情況）	・ជាពិសេស ស្ថានភាពដែលគួរឱ្យជឿ
・特別抗告	・បណ្តឹងជំទាស់ពិសេស
・特別弁護人	・មេធាវីពិសេស
・土地管轄	・សមត្ថកិច្ចកំណត់តាមដែនដី
・都道府県公安委員会	・គណកម្មការសន្តិសុខរដ្ឋធានីខេត្ត
・取り消す	・លុបចោល
・取り下げる	・ដកវិញ

・取り調べる　　　　　　　　　・សើ្របអង្កេត, ពិនិត្យ, សួរចម្លើយ

・トルエン　　　　　　　　　　・មេទិលបែនហ្សែន

【な　行】

・内閣府　　　　　　　　　　　・ទីស្ដីការគណរដ្ឋមន្ត្រី

・捺印　　　　　　　　　　　　・បោះត្រា

・二重の危険　　　　　　　　　・ហានិភ័យត្រួតគ្នា

・日本司法支援センター（法テラス）　・មណ្ឌលជំនួយវិស័យច្បាប់ជប៉ុន

・入院　　　　　　　　　　　　・ចូលពេទ្យ

・入院継続の確認　　　　　　　・ការបញ្ជាក់ការចូលពេទ្យបន្ត

・入院によらない医療　　　　　・ការព្យាបាលដោយមិនចាំបាច់ចូលគេងពេទ្យ

・入院を継続する　　　　　　　・គេងពេទ្យបន្ត

・入国　　　　　　　　　　　　・ចូលប្រទេសជប៉ុន

・入国管理局　　　　　　　　　・មន្ទីរគ្រប់គ្រងអន្តោប្រវេសន៍

・入国管理局出張所　　　　　　・សាខាមន្ទីរគ្រប់គ្រងអន្តោប្រវេសន៍

・入国管理センター　　　　　　・មជ្ឈមណ្ឌលគ្រប់គ្រងអន្តោប្រវេសន៍

・入国者収容所　　　　　　　　・កន្លែងបង្ខាំងអ្នកចូលប្រទេសជប៉ុន

・入国審査官　　　　　　　　　・មន្ត្រីអន្តោប្រវេសន៍

・入国手続　　　　　　　　　　・នីតិវិធីចូលប្រទេសជប៉ុន

・任意性　　　　　　　　　　　・ភាពស្ម័គ្រចិត្ត, ដោយស្ម័គ្រចិត្ត

・任意捜査　　　　　　　　　　・ការស្រាវជ្រាវដោយស្ម័គ្រចិត្ត

・任意提出書　　　　　　　　　・ឯកសារដាក់ដោយស្ម័គ្រចិត្ត

・任意的弁護事件　　　　　　　・រឿងក្ដីដែលការពារដោយស្ម័គ្រចិត្ត

・任意同行　　　　　　　　　　・ការនាំខ្លួនដោយស្ម័គ្រចិត្ត

・脳挫傷　　　　　　　　　　　・ដាំខួរក្បាល

【は 行】

・売春	・ពេស្យាចារ
・売春周旋	・ការនាំស្រីឱ្យគេ
・陪席裁判官	・ចៅក្រមជំនួយ
・破棄移送	・ការបដិសេធចោលហើយផ្ទេររេរទៅ
・破棄差戻し	・ការបដិសេធចោលហើយបញ្ជូនត្រឡប់ទៅតុលាការដើម
・破棄自判	・ការបដិសេធចោលហើយវិនិច្ឆ័យដោយខ្លួនឯង
・破棄する	・បដិសេធចោល
・破棄判決	・សាលដីកាបដិសេធចោល
・罰金	・ប្រាក់ពិន័យ
・ハッシシ（ハッシシュ）	・គ្រឿងញៀនម្យ៉ាង, Hashish
・罰条	・មាត្រាចែងអំពីទោសទណ្ឌកម្ម
・犯意	・ចំនិតធ្វើឃាត
・判決	・សាលក្រម, សាលដីកា
・判決書	・លិខិតនៃសាលក្រម, លិខិតនៃសាលដីកា
・判決に影響を及ぼすことが明らか	・ច្បាស់ជាមានឥទ្ធិពលទៅលើសេចក្តីសម្រេចបញ្ចប់
・判決の宣告	・ការប្រកាសសាលក្រម (សាលដីកា)
・判決理由	・ការសំអាងហេតុនៃសាលក្រម (សាលដីកា)
・犯行	・ឧក្រិដ្ឋកម្ម
・犯罪	・ឧក្រិដ្ឋកម្ម
・犯罪行為を組成した物（犯罪組成物件）	・វត្ថុដែលពាក់ព័ន្ធនិងការប្រព្រឹត្តឧក្រិដ្ឋកម្ម
・犯罪事実	・អង្គហេតុនៃឧក្រិដ្ឋកម្ម
・犯罪収益	・ផលចំណេញពីឧក្រិដ្ឋកម្ម
・判事	・ចៅក្រម
・判示する	・វិនិច្ឆ័យ

法律用語【は行】

日本語	クメール語
・判事補	・ចៅក្រមរង
・反証	・ការបញ្ជាក់ភស្តុតាងតប
・犯情	・ស្ថានភាពនៃការប្រព្រឹត្តឧក្រិដ្ឋកម្ម
・反則金	・ប្រាក់ពិន័យ
・反対尋問	・ការសាកសួរតប
・判例	・យុត្តិសាស្ត្រតុលាការ
・判例違反	・ភាពផ្ទុយនឹងយុត្តិសាស្ត្រតុលាការ
・判例変更	・ការប្ដូរយុត្តិសាស្ត្រតុលាការ
・犯歴	・ប្រវត្តិឧក្រិដ្ឋកម្ម
・被害者	・ជនរងគ្រោះ
・被害者還付	・ការបង្វិលសងទៅឱ្យជនរងគ្រោះ
・被害者参加人	・ជនរងគ្រោះដែលចូលរួម
・被害者参加弁護士	・មេធាវីជនរងគ្រោះដែលចូលរួមអន្តរាគមន៍
・被害者特定事項	・ចំណុចពិសេសដែលសាចបញ្ជាក់ថា អ្នកណាជាជនរងគ្រោះ
・被害届	・ការដាក់ប្រកាសអំពីការរងគ្រោះ
・被疑者	・ជនត្រូវបានសង្ស័យ
・非供述証拠	・ភស្តុតាងដែលមិនបានថ្លែង
・非行	・ប្រព្រឹត្តបទល្មើស(អំពើស្មៅរ)
・被告事件	・រឿងក្តីចំពោះចុងចោទ
・被告人	・ចុងចោទ
・被告人の退廷	・ការចេញពីសាលសវនាការនៃចុងចោទ
・被収容者	・ជនដែលត្រូវបានបង្ខាំងខ្លួន
・非常上告	・បណ្តឹងសាទុក្ខចំពោះសាលដីកាចូលស្ថាពរ
・左陪席裁判官	・ចៅក្រមប្រឹក្សាខាងឆ្វេង
・ピッキング用具	・ឧបករណ៍គាស់សោ
・筆跡	・ដានអក្សរសរសេរ

・必要的弁護事件	・រឿងក្ដីដែលចាំបាច់ការពារ
・必要的保釈	・ការដោះលែងដែលចាំបាច់
・ビデオリンク	・ការសោកស្ដាយតាមវីដេអូ
・秘匿決定	・ដីកាសម្រេចរក្សាការសម្ងាត់
・否認	・ការបដិសេធ
・評議	・ការប្រឹក្សា, ការជជែក
・評決	・ការសម្រេច, ការវិនិច្ឆ័យ
・被略取者	・អ្នកដែលត្រូវបានចាប់ពង្រាត់
・不意打ち	・ដោយមិនដឹងខ្លួន, រាយឆ្មក់
・附加［付加］刑	・ទោសបន្ថែម
・不可抗力	・ប្រធានសក្តិ
・不可罰的事後行為	・សកម្មភាពបន្ទាប់បន្សុំក្រោយឧក្រិដ្ឋកម្ម
・不起訴処分	・ការចាត់ចែងមិនចោទប្រកាន់
・副検事	・ព្រះរាជអាជ្ញារង
・不告不理の原則	・គោលការណ៍នៃការមិនវិនិច្ឆ័យប្រសិនបើគ្មានបណ្ដឹងអាជ្ញា
・不作為犯	・ឧក្រិដ្ឋកម្មដែលកើតឡើងដោយសារការមិនធ្វើសកម្មភាព
・婦人補導院	・មណ្ឌលណែនាំស្ត្រី
・不選任の決定	・ដីកាសម្រេចមិនចាត់តាំង
・物的証拠	・តស្តូតាងជាវត្ថុ
・不定期刑	・ការដាក់ទោសដោយគ្មានកំណត់កំឡុងពេល
・不適格事由	・មូលហេតុមិនស្របលក្ខណៈសម្បត្តិ
・不同意	・មិនឯកភាព, មិនយល់ព្រម
・不当逮捕	・ការចាប់ខ្លួនមិនត្រឹមត្រូវ
・不能犯	・ឧក្រិដ្ឋកម្មដែលមិនអាចប្រព្រឹត្តទៅបាន
・不服申立て	・ការប្ដឹងឧបាស្រ័យ, ការប្ដឹងតវ៉ា
・部分判決	・សាលក្រមមួយភាគ

法律用語【は行】

・不法在留　　　　　　　・ការស្នាក់នៅខុសច្បាប់ (ដោយសារការចូលខុសច្បាប់)

・不法残留　　　　　　　・ការស្នាក់នៅខុសច្បាប់ (ដោយសារហួសកំឡុងពេលអនុញ្ញាតឱ្យស្នាក់នៅ)

・不法入国　　　　　　　・ការចូលប្រទេសជប៉ុនដោយខុសច្បាប់

・不法領得の意思　　　　・ឆន្ទៈយកមកធ្វើជារបស់ខ្លួនដោយខុសច្បាប់

・不利益な事実の承認　　・ការទទួលស្គាល់អង្គហេតុដែលធ្វើឱ្យបាត់បង់ផលប្រយោជន៍

・不利益変更の禁止　　　・ហាមឃ្លាត់ដែលធ្វើឱ្យបាត់បង់ផលប្រយោជន៍

・併科する　　　　　　　・ដាក់ទណ្ឌកម្មរួម

・併合決定　　　　　　　・ដីកាសម្រេចបញ្ចូលបញ្ចោង

・併合罪　　　　　　　　・ទណ្ឌកម្មរួមបញ្ចូលគ្នា

・併合する　　　　　　　・បញ្ចូលគ្នា

・別件逮捕　　　　　　　・ការចាប់ខ្លួនដោយមូលហេតុផ្សេង, ការចាប់ខ្លួនដោយមូលហេតុបន្ទាប់បន្សំ

・別の合議体による裁判所　・តុលាការជំនុំជម្រះដោយក្រុមប្រឹក្សាជំនុំជម្រះផ្សេង

・弁解録取書　　　　　　・កំណត់ហេតុស្តីពីការឆ្លើយដោះសារបស់ចុងចោទ

・弁護士　　　　　　　　・មេធាវី

・弁護士会　　　　　　　・គណៈមេធាវី

・弁護人　　　　　　　　・មេធាវី

・弁護人依頼権　　　　　・សិទ្ធិពឹងពាក់មេធាវី

・弁護人選任権　　　　　・សិទ្ធចាត់តាំងមេធាវី

・変造　　　　　　　　　・ការថ្លៃក្លែងបន្លំ

・弁論　　　　　　　　　・ការទាញហេតុផល

・弁論再開　　　　　　　・ការចាប់ផ្តើមការទាញហេតុផលសាជាថ្មី

・弁論終結　　　　　　　・ការបញ្ចប់ការទាញហេតុផល

・弁論能力　　　　　　　・សមត្ថភាពទាញហេតុផល

・弁論分離　　　　　　　・ការបំបែកការទាញហេតុផល

- 160 -

- 弁論併合　　　　　　　·ការរួមបញ្ចូលការទាញហេតុផល
- 弁論要旨　　　　　　　·ចំណុចសំខាន់ៗនៃការទាញហេតុផល
- 防衛の意思　　　　　　·ឆន្ទៈការពារខ្លួន
- 包括一罪　　　　　　　·ការចាត់ទុកជាកលជា ជាបទល្មើសមួយ
- 謀議　　　　　　　　　·ការសមគំនិត
- 防御権　　　　　　　　·សិទ្ធិការពារខ្លួន
- 暴行　　　　　　　　　·ការវាយប្រហារទ្រន់ធ្ងរ, អំពើហិង្សា
- 傍受　　　　　　　　　·ការចាប់យកព័ត៌មាន
- 幇助する　　　　　　　·ជួយ ឬញុះញង់ឱ្យប្រព្រឹត្តបទល្មើស
- 幇助犯　　　　　　　　·បទល្មើសជួយ ឬញុះញង់ឱ្យប្រព្រឹត្តបទល្មើស, ឬក្រិដ្ឋជនដែលជួយ ឬ ញុះញង់ក្នុងឧក្រិដ្ឋកម្ម
- 法人　　　　　　　　　·នីតិបុគ្គល
- 傍聴席　　　　　　　　·កៅអីសម្រាប់អ្នកចូលស្ដាប់
- 傍聴人　　　　　　　　·អ្នកចូលស្ដាប់
- 法廷　　　　　　　　　·សាលសវនាការ
- 法定刑　　　　　　　　·ទណ្ឌកម្មដែលកំណត់ដោយបញ្ញត្តិច្បាប់
- 法廷警察権　　　　　　·សិទ្ធិនគរបាលក្នុងសាលសវនាការ
- 法定代理人　　　　　　·អ្នកតំណាងដោយអាណត្តិដែលច្បាប់កំណត់
- 法定手続の保障　　　　·ការធានានូវនីតិវិធីដែលច្បាប់កំណត់
- 冒頭陳述　　　　　　　·សេចក្ដីថ្លែងការណ៍ដំបូង
- 法の不知　　　　　　　·ការមិនយល់ដឹងអំពីច្បាប់
- 法の下の平等　　　　　·សមភាពក្រោមក្របខ័ណ្ឌច្បាប់
- 方法の錯誤　　　　　　·ការភាន់ច្រឡំអំពីវិធីសាស្ត្រ
- 法務局　　　　　　　　·មន្ទីរនិស្សារន្តកូលកម្ម
- 法務省　　　　　　　　·ក្រសួងយុត្តិធម៌
- 法律　　　　　　　　　·ច្បាប់

- 法律上の減軽　・ការសម្រាលតាមផ្លូវច្បាប់
- 法律の錯誤　・ការភាន់ច្រឡំអំពីច្បាប់
- 法律の適用　・ការអនុវត្តន៍ច្បាប់
- 法律審　・ការវិនិច្ឆ័យលើអង្គច្បាប់
- 暴力団　・ក្រុមម៉ាហ្វីយ៉ា, ក្រុមមនុស្សពាល
- 法令　・ច្បាប់និងបទដ្ឋានគតិយុត្តិ
- 法令適用の誤り　・កំហុសក្នុងការអនុវត្តន៍ច្បាប់
- 保護観察　・ការការពារនិងសង្កេតមើល
- 保護観察官　・មន្ត្រីការពារនិងសង្កេតមើល
- 保護観察所　・មន្ទីរការពារនិងសង្កេតមើល
- 保護司　・អ្នកការពារ, មន្ត្រីការពារ
- 保護者　・អ្នកអាណាព្យាបាល
- 保護法益　・ផលប្រយោជន៍នៃច្បាប់ការពារ
- 保護命令　・ដីកាបង្គាប់ឱ្យដាក់នៅក្រោមការការពារ
- 保佐監督人　・អ្នកត្រួតពិនិត្យហិតូបត្ថម្ភអ្នក:
- 補佐人　・អ្នកជំនួយការ
- 保佐人　・ហិតូបត្ថម្ភអ្នក:
- 保釈　・ការដោះលែងជាបណ្ដោះអាសន្ន
- 保釈取消し　・ការលុបចោលនូវការដោះលែងជាបណ្ដោះអាសន្ន
- 保釈保証金　・ប្រាក់ធានាការដោះលែងជាបណ្ដោះអាសន្ន
- 補充員　・អ្នកសម្រាប់បំពេញបន្ថែម
- 補充裁判員　・សមាជិកគណៈវិនិច្ឆ័យសម្រាប់បំពេញបន្ថែម
- 補充書　・ឯកសារបំពេញបន្ថែម
- 補助監督人　・អ្នកត្រួតពិនិត្យអ្នកជំនួយការ
- 補助人　・អ្នកជំនួយការ
- 没取　・ការរឹបអូស, ការដកហូត

・没収する	・រឹបអូស, ដកហូត
・没収保全	・ការរក្សាការពារចំពោះការរឹបអូស
・ポリグラフ検査	・ការពិនិត្យដោយឧបករណ៍ធ្វើតេស្ត៍មើលការភូតកុហាក់
・本籍	・អាសយដ្ឋានដើមក្នុងគោលបញ្ជីអត្រានុកូលដ្ឋាន

【ま　行】

・麻薬	・គ្រឿងញៀន
・麻薬常習者	・អ្នកញៀនគ្រឿងញៀន
・マリファナ	・កញ្ឆា
・右陪席裁判官	・ចៅក្រមប្រឹក្សាខាងស្ដាំ
・未決勾留	・ពេលជាប់ឃុំរហូតដល់ពេលចេញសាលក្រម
・未遂	・មិនបានសម្រេច
・未成年者	・អនីតិជន
・密売者	・អ្នកលក់លួចលោក, អ្នកលក់ដោយសម្ងាត់
・密輸出	・ការរត់ពន្ធចេញ
・密輸入	・ការរត់ពន្ធចូល
・未必の故意	・នន្ទ:អេចតនា ឬយថាភូត
・身分犯	・ឧក្រិដ្ឋកម្មដែលប្រព្រឹត្តឡើងដោយផ្នែកលើហេ:
・無期懲役	・ការដាក់ពន្ធនាគារមួយជីវិត
・無罪	・គ្មានទោស, និទ្ទោសភាព
・無罪の推定	・ការសន្និដ្ឋានថាគ្មានទោស
・無銭飲食	・ការស៊ីផឹកដោយមិនបង់លុយ
・無断退去者	・អ្នកចេញដោយគ្មានការអនុញ្ញាត
・無賃乗車	・ការជិះយានជំនិះដោយមិនបង់លុយ
・無能力者	・បុគ្គលអសមត្ថភាព
・酩酊	・ស្រវឹងលែងដឹងខ្លួន

・命令 ・ដីកាបង្គាប់, ការបង្គាប់
・免訴 ・ការបញ្ចប់បណ្តឹងអាជ្ញាដោយមិនធ្វើការវិនិច្ឆ័យ
・毛髪鑑定 ・ការពិនិត្យសក់
・黙秘権 ・សិទ្ធិនៅស្ងៀមមិនឆ្លើយ

【や 行】

・薬物犯罪収益 ・ផលចំណេញពីឧក្រិដ្ឋកម្មគ្រឿងញៀន
・やむを得ずにした行為 ・អំពើដែលជៀសមិនបាន
・誘引 ・ការទាក់ទាញ
・有期懲役 ・ការដាក់ពន្ធនាគារដោយមានកាលកំណត់
・有罪 ・មានទោស
・宥恕 ・ការលើកលែងដោយអាណិតអាសូរ
・誘導尋問 ・សំនួរនាំមុខ
・ゆすり ・ការគម្រាមកំហែង, ការជំរិត
・予見可能性 ・ភាពអាចស្មានទុកជាមុនបាន
・余罪 ・ឧក្រិដ្ឋកម្មក្រៅពីនេះ
・予断排除 ・ការបំបាត់នូវការស្មានទុកជាមុន
・予備 ・ការត្រៀម
・呼出状 ・ដីកាកោះហៅ
・呼び出す ・កោះហៅ
・予備的訴因 ・ទោសចោទប្រកាន់បន្ទាប់បន្សំ

【ら 行】

・立証趣旨 ・គោលគំនិតនៃការបញ្ជាក់ភស្តុតាង
・立証する ・បញ្ជាក់ភស្តុតាង
・立証責任 ・ការទទួលខុសត្រូវក្នុងការបញ្ជាក់ភស្តុតាង
・略式手続 ・នីតិវិធីសង្ខេប

・略式命令	・ដីកាបង្គាប់សង្ខេប
・略取	・ការចាប់ពង្រត់
・留置施設	・គ្រឹះស្ថានឃុំខ្លួន
・理由のくいちがい	・មូលហេតុមិនចុះសម្រុងគ្នា
・理由の不備	・ការមិនសរសេរអំពីការសំអាងហេតុ
・理由を示さない不選任の請求	・ការទាមទារមិនឱ្យចាត់តាំងដោយមិនពន្យល់អំពីមូលហេតុ
・量刑	・ទំហំទោស
・量刑不当	・ទំហំទោសមិនត្រឹមត្រូវ
・領事	・កុងស៊ុល
・領事館	・ស្ថានកុងស៊ុល
・領収書	・វិក្កយបត្រ
・領置	・ការរក្សាទុក (នូវវត្ថុដែលដាក់ដោយចុងចោទជាអាទ៍ដោយស្ម័គ្រចិត្ត)
・領置調書	・កំណត់ហេតុស្តីពីការរក្សាទុកនូវវត្ថុដែលដាក់ដោយចុងចោទជាអាទ៍ ដោយស្ម័គ្រចិត្ត
・両罰規定	・បញ្ញត្តិដែលចែងទាំងទោសខាងនិយោជកនិងខាងនិយោជិត
・旅券（パスポート）	・លិខិតឆ្លងដែន
・輪姦	・ការចាប់រំលោភដោយមនុស្សច្រើននាក់
・臨検	・ការត្រួតពិនិត្យ
・臨床尋問	・ការទៅសាកសួរនៅមន្ទីរពេទ្យ
・類型証拠開示	・ការបង្ហាញនូវភស្តុតាងនៅក្នុងនីតិវិធីត្រៀម
・類推解釈	・ការបកស្រាយដោយសទិសភាព
・累犯	・បទល្មើសមុនៗ
・令状	・ដីកាចាប់ខ្លួន
・連行する	・នាំខ្លួនទៅ
・労役場留置	・ការឃុំខ្លួននៅកន្លែងធ្វើលកម្ម
・録音	・ការថតសម្លេង

・録取（する）　　　　・ចតសម្លេង
・論告　　　　　　　　・សេចក្ដីសន្និដ្ឋាន
・論告要旨　　　　　　・សេចក្ដីសង្ខេបនៃសេចក្ដីសន្និដ្ឋាន

【わ　行】

・わいせつ　　　　　　・អំពើអាសអាភាស
・わいろ　　　　　　　・សំណូក
・和解　　　　　　　　・ការសះជា, ការផ្សះផ្សា

第2章　法令名

【あ　行】

・あへん法	・ច្បាប់ស្ដីពីអាភៀន
・医師法	・ច្បាប់ស្ដីពីវេជ្ជបណ្ឌិត
・意匠法	・ច្បាប់ស្ដីពីគំនូរឧស្សាហកម្ម
・医薬品，医療機器等の品質，有効性及び安全性の確保等に関する法律（医薬品医療機器等法，薬機法）	・ច្បាប់ស្ដីពីឱសថ គុណភាពនៃឧបករណ៍សម្រាប់ព្យាបាលជាអាទិ៍ ការធានានូវប្រសិទ្ធភាពនិងសុវត្ថិភាព ជាអាទិ៍ (ច្បាប់ស្ដីពីឱសថ និងឧបករណ៍សម្រាប់ព្យាបាលជាអាទិ៍)
・印紙等模造取締法	・ច្បាប់គ្រប់គ្រងការធ្វើតែមប្រក្លែងក្លាយជាអាទិ៍
・印紙犯罪処罰法	・ច្បាប់ដាក់ទណ្ឌកម្មលើឧក្រិដ្ឋកម្មស្ដីពីតែមប្រ
・インターネット異性紹介事業を利用して児童を誘引する行為の規制等に関する法律	・ច្បាប់ស្ដីពីការកម្រិតនូវការទាក់ទាញអនីតិជនដោយប្រើអាជីវកម្មណែនាំឱ្យស្គាល់មនុស្សភេទខុសគ្នាតាមអ៊ីនធឺណិត
・恩赦法	・ច្បាប់ស្ដីពីការលើកលែងទោស

【か　行】

・外国ニ於テ流通スル貨幣紙幣銀行券証券偽造変造及模造ニ関スル法律（外貨偽造法）	・ច្បាប់ស្ដីពីការផ្លែក្លែងក្លាយ និងការធ្វើក្លែងឬផ្លន់នូវរូបិយប័ត្រធនាគារដែលចរាចរនៅបរទេស
・外国為替及び外国貿易法（外為法）	・ច្បាប់គ្រប់គ្រងការប្ដូរប្រាក់បរទេសនិងពាណិជ្ជកម្មជាមួយបរទេស
・外国裁判所ノ嘱託ニ因ル共助法	・ច្បាប់ស្ដីពីការជួយគ្នាទៅវិញទៅមកពាក់ព័ន្ធនឹងការស្នើផ្ញើផ្ញាក់ដោយតុលាការបរទេស
・外国人漁業の規制に関する法律	・ច្បាប់ស្ដីពីការកម្រិតឧស្សាហកម្មនេសាទដោយជនបរទេស
・外国人登録法	・ច្បាប់ស្ដីពីការចុះបញ្ជីជនបរទេស
・海洋汚染等及び海上災害の防止に関する法律	・ច្បាប់ការពារការបំពុលសមុទ្រជាអាទិ៍ និងគ្រោះមហន្តរាយលើសមុទ្រ

法令名【か行】

- 海上交通安全法　　　　　　　　・ច្បាប់ស្ដីពីសុវត្ថិភាពចរាចរផ្លូវសមុទ្រ
- 海上衝突予防法　　　　　　　　・ច្បាប់ការពារគ្រោះថ្នាក់លើសមុទ្រ
- 火炎びんの使用等の処罰に関する　・ច្បាប់ស្ដីពីការដាក់ទណ្ឌកម្មការប្រើគ្រាប់បែកផ្ទុះចេញភ្លើង
  法律
- 覚醒剤取締法　　　　　　　　・ច្បាប់ស្ដីពីការគ្រប់គ្រងថ្នាំអាំហ្វេតាមីន
- 貸金業法　　　　　　　　　・ច្បាប់ស្ដីពីប្រាក់កម្ចី
- 火薬類取締法（火取法）　　　・ច្បាប់ស្ដីពីការគ្រប់គ្រងគ្រឿងផ្ទុះ
- 関税定率法　　　　　　　　・ច្បាប់ស្ដីពីពន្ធគយ
- 関税法　　　　　　　　　　・ច្បាប់គយ
- 漁業法　　　　　　　　　　・ច្បាប់នេសាទ
- 漁船法　　　　　　　　　　・ច្បាប់ស្ដីពីនាវានេសាទ
- 銀行法　　　　　　　　　　・ច្បាប់ធនាគារ
- 金融商品取引法　　　　　　・ច្បាប់ស្ដីពីប្រតិបត្តិការទំនិញហិរញ្ញវត្ថុ
- 警察官職務執行法（警職法）　・ច្បាប់ស្ដីពីការបំពេញមុខងារនគរបាល
- 警察法　　　　　　　　　　・ច្បាប់នគរបាល
- 刑事確定訴訟記録法　　　　・ច្បាប់ស្ដីពីការកំណត់ជាស្ថាពរនៃរៀងក្ដីព្រហ្មទណ្ឌ
- 刑事収容施設及び被収容者等の処　・ច្បាប់ស្ដីពីគ្រឹះស្ថានឃុំខ្លួនព្រហ្មទណ្ឌ និងអ្នកជាប់ឃុំជាអាទិ៍
  遇に関する法律
- 刑事訴訟規則（刑訴規則）　　・បទបញ្ជាតតិយភូមិនៃនីតិវិធីព្រហ្មទណ្ឌ
- 刑事訴訟費用等に関する法律　・ច្បាប់ស្ដីពីប្រាក់ប្រដាប់ក្ដីព្រហ្មទណ្ឌជាអាទិ៍
- 刑事訴訟法（刑訴法）　　　・ក្រមនីតិវិធីព្រហ្មទណ្ឌ
- 刑事補償法　　　　　　　　・ច្បាប់ស្ដីពីសំណងព្រហ្មទណ្ឌ
- 競馬法　　　　　　　　　　・ច្បាប់ស្ដីពីការប្រណាំងសេះ
- 軽犯罪法　　　　　　　　　・ច្បាប់ស្ដីពីបទល្មើសកម្រិតស្រាល
- 刑法　　　　　　　　　　　・ក្រមព្រហ្មទណ្ឌ
- 検察審査会法　　　　　　　・ច្បាប់ស្ដីពីគណកម្មការអង្កេតព្រះរាជអាជ្ញា

・検察庁法　　　　　　　　・ច្បាប់ស្ដីពីអយ្យការ

・航空機の強取等の処罰に関する法
　律　　　　　　　　・ច្បាប់ស្ដីពីការដាក់ទណ្ឌកម្មការរឹបអូនយកអាកាសយានជាអាទិ៍

・航空の危険を生じさせる行為等の
　処罰に関する法律　　・ច្បាប់ស្ដីពីការដាក់ទណ្ឌកម្មអំពើបង្កហានិភ័យអាកាសចរណ៍ ជាអាទិ៍

・更生保護事業法　　　・ច្បាប់ស្ដីពីសេវាកម្មការពារនិងនីតិសម្បទា

・更生保護法　　　　　・ច្បាប់ស្ដីពីការការពារនិងនីតិសម្បទា

・国際受刑者移送法　　・ច្បាប់ស្ដីពីការបញ្ជូនទណ្ឌិតឆ្លងប្រទេស

・国際人権規約　　　　・អនុសញ្ញាសិទ្ធិមនុស្សអន្តរជាតិ

・国際捜査共助等に関する法律　・ច្បាប់ស្ដីពីការជួយគ្នាទៅវិញទៅមកក្នុងការស៊ើបអង្កេតអន្តរជាតិ

・国際的な協力の下に規制薬物に係
　る不正行為を助長する行為等の防
　止を図るための麻薬及び向精神薬
　取締法等の特例等に関する法律
　（麻薬特例法）

・ច្បាប់ស្ដីពីករណីពិសេសជាអាទិ៍ នៃច្បាប់ស្ដីពីការគ្រប់គ្រងគ្រឿង
ញៀននិងថ្នាំជាស់សតិអារម្មណ៍ ដើម្បីការពារអំពើជម្រុញនូវអំពើអនី
ស្តានុកូលនាក់ព័ន្ធនឹងថ្នាំដែលត្រូវានកម្រិតដោយច្បាប់ ក្រោមសហ
ប្រតិបត្តិការអន្តរជាតិ

・国籍法　　　　　　・ច្បាប់ស្ដីពីសញ្ជាតិ

・戸籍法　　　　　　・ច្បាប់ស្ដីពីអត្រានុកូលដ្ឋាន

【さ　行】

・裁判員の参加する刑事裁判に関す
　る法律　・ច្បាប់ស្ដីពីការជំនុំជម្រះព្រហ្មទណ្ឌដែលមានការចូលរួមនៃសមាជិកនៃ
គណៈវិនិច្ឆ័យ

・裁判員の参加する刑事裁判に関す
　る規則　・បទបញ្ជាគតិយុត្តិស្ដីពីការជំនុំជម្រះព្រហ្មទណ្ឌដែលមានការចូលរួមនៃ
សមាជិកនៃគណៈវិនិច្ឆ័យ

・裁判所法　　　　・ច្បាប់ស្ដីពីតុលាការ

・酒に酔って公衆に迷惑をかける行
　為の防止等に関する法律　・ច្បាប់ស្ដីពីការបង្ការទប់ស្កាត់អំពើរខានសាធារណៈដោយសារស្រវឹងស្រាជា
អាទិ៍

法令名【さ行】

・自転車競技法 ・ច្បាប់ស្តីពីការប្រណាំងកង់

・自動車損害賠償保障法 ・ច្បាប់ស្តីពីការធានាសំណងនៃការខូចខាតដោយសាររថយន្ត

・自動車の保管場所の確保等に関す ・ច្បាប់ស្តីពីការរកកន្លែងដាក់រថយន្តជាអាទិ៍
る法律

・自動車の運転により人を死傷させ ・ច្បាប់ស្តីពីការដាក់ទណ្ឌកម្មចំពោះអំពើដែលធ្វើឱ្យមនុស្សរបួសឬស្លាប់
る行為等の処罰に関する法律 ដោយសារការបើកបររថយន្ត ជាអាទិ៍

・児童福祉法 ・ច្បាប់ស្តីពីសុខុមាលភាពកុមារ

・児童買春，児童ポルノに係る行為 ・ច្បាប់ស្តីពីការដាក់ទណ្ឌកម្មលើអំពើពាក់ព័ន្ធនឹងពេស្យាចារលើកុមារ
等の処罰及び児童の保護等に関す និងរូបភាពអាសអាភាសកុមារ ជាអាទិ៍ និងការពារកុមារជាអាទិ៍
る法律

・銃砲刀剣類所持等取締法（銃刀法） ・ច្បាប់ស្តីពីការគ្រប់គ្រងកាំភ្លើងដាវអាវុធជាអាទិ៍

・出資の受入れ，預り金及び金利等 ・ច្បាប់ស្តីពីការគ្រប់គ្រងការទទួលមូលនិធិ ប្រាក់បញ្ញើ និងការប្រាក់ជា
の取締りに関する法律 អាទិ៍

・出入国管理及び難民認定法 ・ច្បាប់ស្តីពីការគ្រប់គ្រងអន្តោប្រវេសន៍ និងការទទួលស្គាល់ជនភៀស
ខ្លួន

・少年法 ・ច្បាប់អនីតិជន

・商標法 ・ច្បាប់ពាណិជ្ជសញ្ញា

・商法 ・ច្បាប់ពាណិជ្ជកម្ម

・職業安定法 ・ច្បាប់ស្ថេរភាពការងារ

・所得税法 ・ច្បាប់ស្តីពីពន្ធលើប្រាក់ចំណូល

・心神喪失等の状態で重大な他害行 ・ច្បាប់ស្តីពីការព្យាបាលនិងការពិនិត្យតាមដានជនប្រព្រឹត្តអំពើដែល
為を行った者の医療及び観察等に បង្កគ្រោះថ្នាក់ធ្ងន់ធ្ងរដល់អ្នកដទៃក្រោមស្ថានភាពបាត់បង់សតិ
関する法律（心神喪失者等医療観 ជាអាទិ៍
察法）

・人身保護法 ・ច្បាប់ស្តីពីការការពាររូបគល

・森林法 ・ច្បាប់ព្រៃឈើ

- ストーカー行為等の規制等に関する法律 ・ច្បាប់ស្ដីពីការកម្រិតទ្រនួនអំពើដើរឈ្លបជាដើម

- 精神保健及び精神障害者福祉に関する法律（精神保健法） ・ច្បាប់ស្ដីពីសុខភាពផ្លូវចិត្តនិងសុខុមាលភាពអ្នកពិការផ្លូវចិត្ត

- 船員法 ・ច្បាប់ស្ដីពីកម្មករនាវា

- 船舶安全法 ・ច្បាប់ស្ដីពីសុវត្ថិភាពនាវា

- 船舶職員及び小型船舶操縦者法 ・ច្បាប់ស្ដីពីកម្មករនាវានិងការបើកបរនាវាតុចតូច

- 船舶法 ・ច្បាប់ស្ដីពីនាវា

- 組織的な犯罪の処罰及び犯罪収益の規制等に関する法律 ・ច្បាប់ស្ដីពីការដាក់ទោសឧក្រិដ្ឋកម្មជាក្រុម និងការកម្រិតផលចំណេញពីឧក្រិដ្ឋកម្ម

【た　行】

- 大麻取締法 ・ច្បាប់ស្ដីពីការគ្រប់គ្រងកញ្ឆា

- 著作権法 ・ច្បាប់ស្ដីពីសិទ្ធិនិពន្ធ

- 通貨及び証券模造取締法 ・ច្បាប់ស្ដីពីការគ្រប់គ្រងរូបិយវត្ថុនិងមូលប័ត្រក្លែងក្លាយ

- 鉄道営業法 ・ច្បាប់ស្ដីពីអាជីវកម្មផ្លូវដែក

- 電気通信事業法 ・ច្បាប់ស្ដីពីអាជីវកម្មទូរគមនាគមន៍

- 電波法 ・ច្បាប់ស្ដីពីទូរគមនាគមន៍វិទ្យុ

- 盗犯等ノ防止及処分ニ関スル法律 ・ច្បាប់ស្ដីពីការការពារ និងការដាក់ទោសការលួចជាដើម

- 逃亡犯罪人引渡法 ・ច្បាប់ស្ដីពីបង្ហាប់បន

- 道路運送車両法 ・ច្បាប់ស្ដីពីយានយន្តដឹកជញ្ជូនតាមផ្លូវគោក

- 道路交通法（道交法） ・ច្បាប់ចរាចរផ្លូវគោក

- 特殊開錠用具の所持の禁止等に関する法律 ・ច្បាប់ស្ដីពីការហាមការការកាន់កាប់ឧបករណ៍បើកសោពិសេស ជាអាទិ៍

- 特定商取引に関する法律 ・ច្បាប់ស្ដីពីប្រតិបត្តិការជំនួញពិសេស

- 毒物及び劇物取締法（毒劇法） ・ច្បាប់គ្រប់គ្រងថ្នាំពុលនិងថ្នាំបះពាលសុខភាព

・都道府県条例　　　　　　　　　・បទបញ្ជាតតិយរជធានីនិងខេត្ត

【な　行】

・成田国際空港の安全確保に関する　・ច្បាប់ចាត់ចែងបន្ទាន់ពាក់ព័ន្ធនឹងការធានាសុវត្ថិភាពអាកាសយាន
　緊急措置法　　　　　　　　　　ដ្ឋានអន្តរជាតិណារីតា

・日本国憲法（憲法）　　　　　　・រដ្ឋធម្មនុញ្ញជប៉ុន

・日本国とアメリカ合衆国との間の　・ច្បាប់ព្រហ្មទណ្ឌពិសេសស្ដីពីសហប្រតិបត្តិការរវាងជប៉ុននិងសហរដ្ឋ
　相互協力及び安全保障条約第6条　អាមេរិក និងការអនុគ្គន៍កិច្ចព្រមព្រៀងស្ដីពីហេតុៈកងទ័ពសហរដ្ឋអា
　に基づく施設及び区域並びに日本　មេរិកក្នុងគ្រឹៈស្ថាន និងតំបន់ ព្រមទាំងនៅជប៉ុនដោយផ្អែកលើមាត្រា
　国における合衆国軍隊の地位に関　៦ នៃសន្ធិសញ្ញាស្ដីពីសន្តិសុខជាតិ
　する協定の実施に伴う刑事特別法
　（刑特法）

【は　行】

・廃棄物その他の物の投棄による海　・សន្ធិសញ្ញាស្ដីពីការការពារការបំពុលសមុទ្រដោយសារការបោះចោល
　洋汚染の防止に関する条約　　　សម្រាមនិងវត្ថុផ្សេងៗ

・廃棄物の処理及び清掃に関する法　・ច្បាប់ស្ដីពីការចាត់ចែងនិងការបោសសម្រាម
　律（廃棄物処理法）

・配偶者からの暴力の防止及び被害　・ច្បាប់ស្ដីពីការការពារអំពើហិង្សាពីសហព័ទ្ធនិងការការពារជនរងគ្រោះ
　者の保護に関する法律

・売春防止法　　　　　　　　　　・ច្បាប់ស្ដីពីការប្រឆាំងនឹងពេស្យាចារ

・破壊活動防止法（破防法）　　　・ច្បាប់ការពារវិទ្ធង្សនា

・爆発物取締罰則　　　　　　　　・ច្បាប់គ្រប់គ្រងគ្រឿងផ្ទុះ

・罰金等臨時措置法　　　　　　　・ច្បាប់បណ្ដោះអាសន្នស្ដីពីការពិន័យជាប្រាក់ជាអាទិ៍

・犯罪収益に係る保全手続等に関す　・បទបញ្ជាតតិយុត្តិស្ដីពីនីតិវិធីរក្សាការពារពាក់ព័ន្ធនឹងផលចំណេញពី
　る規則　　　　　　　　　　　　ឧក្រិដ្ឋកម្ម ជាអាទិ៍

・犯罪捜査のための通信傍受に関す　・ច្បាប់ស្ដីពីការចាប់យកព័ត៌មានទូរគមនាគមន៍ដើម្បីស៊ើបអង្កេតឧក្រិដ្ឋ

る法律	កម្ម
・犯罪被害財産等による被害回復給付金の支給に関する法律	ច្បាប់ស្ដីពីការផ្ដល់ការ៉េកាលិកជាប្រាក់ដើម្បីស្ដារការរងគ្រោះដោយសារការខូចខាតទ្រព្យសម្បត្តិជាអាទិ៍ដោយសារនេក្រិដ្ឋកម្ម
・犯罪被害者等の権利利益の保護を図るための刑事手続に付随する措置に関する法律（犯罪被害者等保護法）	ច្បាប់ស្ដីពីការចាត់ចែងបន្ថាប់បន្សំនៃនីតិវិធីព្រហ្មទណ្ឌដើម្បីការពារសិទ្ធិនិងផលប្រយោជន៍អ្នករងគ្រោះដោយសារនេក្រិដ្ឋកម្មជាអាទិ៍
・被疑者補償規程	・បទបញ្ជាតតិយប្ដីពីសំណងចំពោះជនដែលត្រូវបានសង្ស័យ
・人の健康に係る公害犯罪の処罰に関する法律（公害罪法）	ច្បាប់ស្ដីពីការដាក់ទណ្ឌកម្មចំពោះនេក្រិដ្ឋកម្មបំពុលបរិស្ថានដែលពាក់ព័ន្ធនឹងសុខភាពមនុស្ស
・風俗営業等の規制及び業務の適正化等に関する法律（風営法）	ច្បាប់ស្ដីពីការកម្រិតអាជីវកម្មកំសាន្តសម្រាប់មនុស្សធំ និងការធ្វើឱ្យប្រសើរនៃការងារជាអាទិ៍
・武器等製造法	ច្បាប់ស្ដីពីការផលិតអាវុធ
・不正競争防止法	ច្បាប់ប្រឆាំងការប្រកួតប្រជែងដែលមិនស្មោះត្រង់
・法廷等の秩序維持に関する法律	ច្បាប់ស្ដីពីការរក្សាសណ្ដាប់ធ្នាប់ក្នុងសាលសេនាការជាអាទិ៍
・暴力行為等処罰ニ関スル法律	ច្បាប់ស្ដីពីការដាក់ទណ្ឌកម្មលើអំពើហិង្សាជាអាទិ៍

【ま　行】

・麻薬及び向精神薬取締法（麻取法）	ច្បាប់ស្ដីពីការគ្រប់គ្រងគ្រឿងញៀននិងថ្នាំជាស់សតិអារម្មណ៍
・民事訴訟法	・ក្រមនីតិវិធីព្រហ្មទណ្ឌ
・民法	・ក្រមរដ្ឋប្បវេណី
・モーターボート競走法	ច្បាប់ស្ដីពីការប្រណាំងកាណូត

【や　行】

・薬物犯罪等に係る保全手続等に関する規則	・បទបញ្ជាតតិយប្ដីពីនីតិវិធីរក្សាការពារពាក់ព័ន្ធនឹងព័ន្ធនឹងក្រិដ្ឋកម្មដោយសារគ្រឿងញៀនជាអាទិ៍
・有線電気通信法	・ច្បាប់ស្ដីពីទូរគមនាគមន៍មានខ្សែ

- 郵便切手類模造等取締法
- 郵便法

【ら　行】

- 領海及び接続水域に関する法律
- 領事関係に関するウィーン条約
- 旅券法
- 労働基準法

- ច្បាប់ស្ដីពីការគ្រប់គ្រងការក្លែងបន្លំតែមប្រៃសណីយជាអាទិ៍
- ច្បាប់ប្រៃសណីយ

- ច្បាប់ស្ដីពីដែនសមុទ្រនិងតំបន់សមុទ្រជាប់គ្នា
- អនុសញ្ញាទីក្រុងវីយែនស្ដីពីទំនាក់ទំនងកុងស៊ុល
- ច្បាប់ស្ដីពីលិខិតឆ្លងដែន
- ច្បាប់ស្ដីពីស្ដង់ដារការងារ

第3章　罪名

【あ　行】

- あへん煙吸食器具輸入（製造，販売，所持）罪
  - ទោសនាំចូលនូវឧបករណ៍សម្រាប់ជក់អាភៀន (ផលិត, លក់, កាន់កាប់)
- あへん煙吸食罪
  - ទោសជក់អាភៀន
- あへん煙吸食場所提供罪
  - ទោសផ្តល់កន្លែងជក់អាភៀន
- あへん煙等所持罪
  - ទោសកាន់កាប់អាភៀន
- あへん煙輸入（製造，販売，所持）罪
  - ទោសនាំអាភៀនចូល (ផលិត, លក់, កាន់កាប់)
- あへん法違反（所持，譲渡，譲受，使用，輸入）
  - ទោសល្មើសច្បាប់អាភៀន (ការកាន់កាប់, ការធ្វើអនុប្បទាន, ការទទួលដោយអនុប្បទាន, ការប្រើ, ការនាំចូល)
- 遺棄罪
  - ទោសបោះបង់ចោល
- 遺棄等致死罪
  - ទោសបោះបង់ចោលជាអាទិ៍បណ្ដាលឱ្យស្លាប់
- 遺棄等致傷罪
  - ទោសបោះបង់ចោលជាអាទិ៍បណ្ដាលឱ្យរបួស
- 遺失物等横領罪
  - ទោសលួចរបស់ដែលបាត់ជាអាទិ៍
- 威力業務妨害罪
  - ទោសរារាំងការងារដោយប្រើកម្លាំង
- 営利目的等被略取者収受罪
  - ទោសទទួលអ្នកត្រូវគេចាប់ជំរិតក្នុងគោលបំណងរកចំណេញជាអាទិ៍
- 営利目的等略取（誘拐）罪
  - ទោសចាប់ពង្រត់ (ចាប់ជំរិត) ក្នុងគោលបំណងរកចំណេញជាអាទិ៍
- 延焼罪
  - ទោសបង្កអគ្គីភ័យ
- 往来危険罪
  - ទោសរារាំងចរាចរ
- 往来危険による艦船転覆（沈没，破壊）罪
  - ទោសធ្វើឱ្យក្រឡាប់(លេច, បាក់បែក)នាវាដោយសារការរារាំង
- 往来危険による汽車転覆（破壊）罪
  - ទោសធ្វើឱ្យក្រឡាប់ (បាក់បែក) ថេរ្យើងដោយសារការរារាំង
- 往来妨害罪
  - ទោសរារាំងការធ្វើដំណើរ

・往来妨害致死罪　　　　　　　　　・ទោសរារាំងការធ្វើដំណើរបង្កឲ្យស្លាប់

・往来妨害致傷罪　　　　　　　　　・ទោសរារាំងការធ្វើដំណើរបង្កឲ្យរបួស

・横領罪　　　　　　　　　　　　　・ទោសលួចបន្លំ

【か　行】

・外国国章損壊（除去，汚損）罪　　・ទោសធ្វើឲ្យខូចខាតនិមិត្តសញ្ញាបរទេស (ដកចេញ, ប្រឡាក់ខូចខាត)

・外国人登録法違反（登録不申請）　・ទោសល្មើសនឹងច្បាប់ស្តីការចុះបញ្ជីជនបរទេស

・外国通貨偽造罪　　　　　　　　　・ទោសក្លែងបន្លំរូបិយវត្ថុបរទេស

・覚醒剤取締法違反（所持，譲渡，　・ទោសល្មើសច្បាប់ស្តីការត្រួតត្រាប់គ្រប់គ្រងថ្នាំអាំហ្វេតាមីន (កាន់កាប់, ការធ្វើ
　譲受，使用，輸入）　　　　　　　អនុប្បទាន, ការទទួលដោយអនុប្បទាន, ការប្រើ, ការនាំចូល)

・過失運転致死罪　　　　　　　　　・ទោសបើកបររថយន្តប្រហែសបង្កឲ្យស្លាប់

・過失運転致傷罪　　　　　　　　　・ទោសបើកបររថយន្តប្រហែសបង្កឲ្យរបួស

・過失往来危険罪　　　　　　　　　・ទោសរារាំងចរាចរដោយការធ្វេសប្រហែស

・過失激発物破裂罪　　　　　　　　・ទោសធ្វើឲ្យផ្ទុះគ្រឿងផ្ទុះដោយការធ្វេសប្រហែស

・過失建造物等浸害罪　　　　　　　・ទោសចូលអាគារហោមឃាត់ជាអាទ៍ដោយការធ្វេសប្រហែស

・過失傷害罪　　　　　　　　　　　・ទោសបង្កឲ្យរបួសដោយការធ្វេសប្រហែស

・過失致死罪　　　　　　　　　　　・ទោសបង្កឲ្យស្លាប់ដោយការធ្វេសប្រហែស

・加重逃走罪　　　　　　　　　　　・ទោសរត់គេចធ្ងន់ធ្ងរ

・加重封印等破棄罪　　　　　　　　・ទោសធ្វើឲ្យខូចតែមប្របិទទ្បិតធ្ងន់ធ្ងរ

・ガス漏出罪　　　　　　　　　　　・ទោសធ្វើឲ្យធ្លាយហ្គាស

・ガス漏出等致死罪　　　　　　　　・ទោសបង្កឲ្យស្លាប់ដោយសារការធ្លាយហ្គាសជាអាទ៍

・ガス漏出等致傷罪　　　　　　　　・ទោសបង្កឲ្យរបួសដោយសារការធ្លាយហ្គាសជាអាទ៍

・監禁罪　　　　　　　　　　　　　・ទោសឃុំឃាំង

・監禁致死罪　　　　　　　　　　　・ទោសឃុំឃាំងបង្កឲ្យស្លាប់

・監禁致傷罪　　　　　　　　　　　・ទោសឃុំឃាំងបង្កឲ្យរបួស

・監護者性交等罪　　　　　　　　　・ទោសសេពសន្ថវៈនៃអ្នកអាណាព្យាបាល ជាដើម

・監護者わいせつ罪	・ទោសប្រព្រឹត្តអំពើអាសអាភាសនៃអ្នករណោក្យាបាល
・艦船往来危険罪	・ទោសរារាំងចរាចរនាវា
・偽計業務妨害罪	・ទោសរារាំងការងារដោយការចោមអាក់ម
・危険運転致死罪	・ទោសបង្កឲ្យស្លាប់ដោយយានយន្ត
・危険運転致傷罪	・ទោសបង្កឲ្យរបួសដោយយានយន្ត
・汽車転覆罪	・ទោសធ្វើឲ្យក្រឡាប់ចេភ្លើង
・汽車転覆等致死罪	・ទោសបង្កឲ្យស្លាប់ដោយសារក្រឡាប់ចេភ្លើងជាអាទ៍
・偽証罪	・ទោសផ្តល់សក្ខីកម្មមិនពិត, ទោសបំពានសម្បថ
・偽造外国通貨行使罪	・ទោសប្រើរូបិយបណ្ណប្រទេសក្លែងក្លាយ
・偽造公文書行使罪	・ទោសប្រើឯកសារសាធារណៈក្លែងក្លាយ
・偽造私文書行使罪	・ទោសប្រើឯកសារឯកជនក្លែងក្លាយ
・偽造通貨行使罪	・ទោសប្រើរូបិយវត្ថុក្លែងក្លាយ
・偽造通貨等収得罪	・ទោសលទ្ធកម្មរូបិយវត្ថុក្លែងក្លាយ
・偽造有価証券行使罪	・ទោសប្រើមូលបត្រដែលជញ្ជដូបានក្លែងក្លាយ
・器物損壊罪	・ទោសធ្វើឲ្យបែកបាក់ទ្រព្យ
・境界損壊罪	・ទោសធ្វើឲ្យបែកបាក់ព្រំប្រទល់
・恐喝罪	・បទគម្រាមកំហែង
・凶器準備集合（結集）罪	・ទោសជួបជុំគ្នាដោយមានអាវុធ
・強制執行関係売却妨害罪	・ទោសរារាំងការលក់ចាក់ពន្ធនិងការអនុវត្តន៍ដោយបង្ខំ
・強制執行行為妨害罪	・ទោសរារាំងសកម្មភាពអនុវត្តដោយបង្ខំ
・強制執行妨害罪	・ទោសរារាំងការអនុវត្តន៍ដោយបង្ខំ
・強制執行妨害目的財産現状改変罪	・ទោសកែខៃ្លមសារនៃទ្រព្យក្នុងគោលបំណងរារាំងការអនុវត្តន៍ដោយបង្ខំ
・強制執行妨害目的財産損壊（隠匿）罪	・ទោសធ្វើឲ្យបែកបាក់ (លាក់) ទ្រព្យក្នុងគោលបំណងរារាំងការអនុវត្តន៍ដោយបង្ខំ
・強制執行妨害目的財産無償譲渡罪	・ទោសអនុញ្ញាទានទ្រព្យដោយឥតគិតថ្លៃក្នុងគោលបំណងរារាំងការអនុ

	របៀនដោយបទ្ច
・強制執行申立妨害目的の暴行（脅迫）罪	・ទោសប្រព្រឹត្តអំពើហិង្សា (គម្រាមកំហែង) ក្នុងគោលបំណងរារាំងការ ដាក់ពាក្យសុំអនុវត្តដោយបទ្ច
・強制性交等罪	・ទោសរំលោភសេពសន្ធវៈជាអាទិ
・強制性交等致死罪	・ទោសរំលោភសេពសន្ធវៈជាអាទិ បង្កឱ្យស្លាប់
・強制性交等致傷罪	・ទោសរំលោភសេពសន្ធវៈជាអាទិ បង្កឱ្យរបួស
・強制わいせつ罪	・ទោសប្រព្រឹត្តអំពើអាសអាភាសដោយបទ្ច
・強制わいせつ致死罪	・ទោសប្រព្រឹត្តអំពើអាសអាភាសដោយបទ្ចបង្កឱ្យស្លាប់
・強制わいせつ致傷罪	・ទោសប្រព្រឹត្តអំពើអាសអាភាសដោយបទ្ចបង្កឱ្យរបួស
・脅迫罪	・ទោសគម្រាមកំហែង
・業務上横領罪	・ទោសលួចក្នុងការបំពេញការងារ
・業務上過失往来危険罪	・ទោសរារាំងចរាចរដោយការធ្វេសប្រហែសក្នុងការបំពេញការងារ
・業務上過失激発物破裂罪	・ទោសធ្វើឱ្យផ្ទុះគ្រឿងផ្ទុះដោយការធ្វេសប្រហែសក្នុងការបំពេញ ការងារ
・業務上過失致死罪	・ទោសបង្កឱ្យស្លាប់ដោយការធ្វេសប្រហែសក្នុងការបំពេញការងារ
・業務上過失致傷罪	・ទោសបង្កឱ្យរបួសដោយការធ្វេសប្រហែសក្នុងការបំពេញការងារ
・業務上失火罪	・ទោសបង្កអគ្គីភ័យក្នុងការបំពេញការងារ
・強要罪	・ទោសបង្ខំឱ្យគេធ្វើ
・虚偽鑑定罪	・ទោសធ្វើកោសលវិច័យមិនពិត
・虚偽告訴罪	・ទោសធ្វើបណ្តឹងមិនពិត
・虚偽診断書作成罪	・ទោសធ្វើសំបុត្រពេទ្យមិនពិត
・激発物破裂罪	・ទោសធ្វើឱ្យផ្ទុះគ្រឿងផ្ទុះ
・現住建造物等放火罪	・ទោសដុតអាគារលំនៅដ្ឋានជាអាទិ
・建造物侵入罪	・ទោសលួចលាននចូលអាគារ
・建造物損壊罪	・ទោសធ្វើឱ្យបែកបាក់អាគារ
・建造物損壊致死罪	・ទោសធ្វើឱ្យបែកបាក់អាគារបង្កឱ្យស្លាប់

- 建造物損壊致傷罪 ・ទោសធ្វើឱ្យបែកបាក់អាគារបណ្ដាលឱ្យរបួស
- 建造物等以外放火罪 ・ទោសដុតអ្វីៗក្រៅពីអាគារជាអាទ៍
- 公印偽造罪 ・ទោសក្លែងបន្លំត្រាសាធារណៈ
- 公印不正使用罪 ・ទោសប្រើត្រាសាធារណៈដោយខុសច្បាប់
- 強姦罪 ・ទោសចាប់រំលោភ
- 強姦致死罪 ・ទោសចាប់រំលោភបណ្ដាលឱ្យស្លាប់
- 強姦致傷罪 ・ទោសចាប់រំលោភបណ្ដាលឱ្យរបួស
- 公記号偽造罪 ・ទោសក្លែងបន្លំសញ្ញាសាធារណៈ
- 公記号不正使用罪 ・ទោសប្រើសញ្ញាសាធារណៈដោយខុសច្បាប់
- 公契約関係競売等妨害罪 ・ទោសរារាំងការលក់ឡាយឡុងទាក់ទងនឹងកិច្ចសន្យាសាធារណៈ ជាអាទ៍
- 公正証書原本等不実記載罪 ・ទោសចុះកំណត់មិនពិតក្នុងឯកសារដើមនៃលិខិតយថាភូតជាអាទ៍
- 公然わいせつ罪 ・ទោសប្រព្រឹត្តអំពើអាសអាភាសជាសាធារណៈ
- 強盗強制性交等罪 ・ទោសប្លន់និងរំលោភសេពសន្ថវៈជាអាទ៍
- 強盗強制性交等致死罪 ・ទោសប្លន់និងរំលោភសេពសន្ថវៈជាអាទ៍បណ្ដាលឱ្យស្លាប់
- 強盗強姦罪 ・ទោសប្លន់និងចាប់រំលោភ
- 強盗強姦致死罪 ・ទោសប្លន់និងចាប់រំលោភបណ្ដាលឱ្យស្លាប់
- 強盗罪 ・ទោសប្លន់
- 強盗致死罪 ・ទោសប្លន់បណ្ដាលឱ្យស្លាប់
- 強盗致傷罪 ・ទោសប្លន់បណ្ដាលឱ្យរបួស
- 強盗予備罪 ・ទោសត្រៀមប្លន់
- 公務員職権濫用罪 ・ទោសប្រើសិទ្ធិមន្ត្រីសាធារណៈដោយបំពាន
- 公務執行妨害罪 ・ទោសរារាំងការអនុវត្តន៍ការងារសាធារណៈ
- 公用文書毀棄罪 ・ទោសបំផ្លាញឯកសារសាធារណៈ
- 昏睡強盗罪 ・ទោសប្លន់ដោយធ្វើឱ្យស្រវឹងមិនដឹងខ្លួន

【さ　行】

・裁判員の参加する刑事裁判に関する法律違反
・ទោសល្មើសច្បាប់ស្ដីពីការជំនុំជម្រះព្រហ្មទណ្ឌដែលមានការចូលរួមនៃសមាជិកនៃគណៈវិនិច្ឆ័យ

　（裁判員等に対する請託（情報提供）罪）
(ទោសទទួលសុំចំពោះសមាជិកនៃគណៈវិនិច្ឆ័យជាអាទិ៍ (ឲ្យផ្ដល់ព័ត៌មាន))

　（裁判員等に対する威迫罪）
(ទោសបំភិយសមាជិកនៃគណៈវិនិច្ឆ័យជាអាទិ៍)

　（裁判員等による秘密漏示罪）
(ទោសបញ្ចេញការសម្ងាត់ដោយសមាជិកនៃគណៈវិនិច្ឆ័យជាអាទិ៍)

　（裁判員の氏名等漏示罪）
(ទោសបញ្ចេញឈ្មោះសមាជិកនៃគណៈវិនិច្ឆ័យជាអាទិ៍)

　（裁判員候補者による虚偽記載（陳述）罪）
(ទោសសរសេរ(ថ្លែងការណ៍)មិនពិតដោយបេក្ខជនសមាជិកនៃគណៈវិនិច្ឆ័យ)

・詐欺罪　　・ទោសឆបោក

・殺人罪　　・ទោសធ្វើឃាត, ទោសឃាតកម្ម

・殺人予備罪　　・ទោសត្រៀមធ្វើឃាត

・私印偽造罪　　・ទោសក្លែងបន្លំត្រាឯកជន

・私印不正使用罪　　・ទោសប្រើត្រាឯកជនខុសច្បាប់

・事後強盗罪　　・ទោសប្រព្រឹត្តអំពើហិង្សាឬគម្រាមកំហែងដើម្បីបំបិទការលួច

・自殺関与罪　　・ទោសចូលរួមធ្វើអត្តឃាត

・死体遺棄罪　　・ទោសទុកសពចោល

・死体損壊罪　　・ទោសធ្វើឲ្យបែកបាក់សព

・失火罪　　・ទោសបង្កអគ្គីភ័យ

・支払用カード電磁的記録不正作出罪　　・ទោសបង្កើតកំណត់ត្រាអេឡិកត្រូម៉ាញេទិកលើកាតសម្រាប់បង់ប្រាក់ដោយខុសច្បាប់

・重過失致死罪　　・ទោសធ្វេសប្រហែសធ្ងន់ធ្ងរបង្កឲ្យស្លាប់

・重過失致傷罪　　・ទោសធ្វេសប្រហែសធ្ងន់ធ្ងរបង្កឲ្យរបួស

・住居侵入罪　　・ទោសឈ្លានពានចូលនៅផ្ទះ

・収得後知情行使（交付）罪　　・ទោសប្រើ (ប្រគល់) រូបិយវត្ថុក្លែងក្លាយក្រោយពីបានដឹងថាក្លែងក្លាយ

・銃砲刀剣類所持等取締法違反 　　・ទោសល្មើសច្បាប់ស្ដីពីការគ្រប់គ្រងកាំភ្លើងជារអាវុធជាអាទិ៍

　（けん銃実包譲渡） 　　　　　　（ការអនុប្បទានកាំភ្លើងនិងគ្រាប់）

　（けん銃実包所持） 　　　　　　（ការកាន់កាប់កាំភ្លើងនិងគ្រាប់）

　（けん銃実包として輸入） 　　　（ការនាំចូលជាកាំភ្លើងនិងគ្រាប់）

　（けん銃実包輸入） 　　　　　　（ការនាំចូលនូវកាំភ្លើងនិងគ្រាប់）

　（けん銃等加重所持） 　　　　　（ការកាន់កាប់កាំភ្លើងជាអាវុធដោយមានការដាក់ទោសធ្ងន់ធ្ងរ）

　（けん銃等譲渡） 　　　　　　　（ការអនុប្បទានកាំភ្លើងជាអាវុធ）

　（けん銃等所持） 　　　　　　　（ការកាន់កាប់កាំភ្លើងជាអាវុធ）

　（けん銃等として輸入） 　　　　（ការនាំចូលជាកាំភ្លើងជាអាវុធ）

　（けん銃等発射） 　　　　　　　（ការបាញ់កាំភ្លើងជាអាវុធ）

　（けん銃等輸入） 　　　　　　　（ការនាំចូលនូវកាំភ្លើងជាអាវុធ）

　（けん銃部品として輸入） 　　　（ការនាំចូលជាគ្រឿងបន្លាស់កាំភ្លើង）

・出入国管理及び難民認定法違反 　・ទោសល្មើសច្បាប់ស្ដីពីការគ្រប់គ្រងអន្តោប្រវេសន៍ និងការទទួល
　　　　　　　　　　　　　　　　ស្គាល់ជនភៀសខ្លួន

　（営利目的等不法入国等援助） 　（ការជួយឱ្យចូលប្រទេសប៉ុនក្នុងគោលបំណងរកផលចំណេញ
　　　　　　　　　　　　　　　　ជាអាទិ៍）

　（寄港地上陸許可等の期間の経過） （ហួសកំឡុងពេលអនុញ្ញាតឱ្យចូលប្រទេសប៉ុនជាអាទិ៍）

　（収受等の予備） 　　　　　　　（ការត្រៀមទទួលយកជាអាទិ៍）

　（集団密航者の収受等） 　　　　（ការទទួលអ្នកលួចចូលប្រទេសប៉ុនជាក្រុម ជាអាទិ៍）

　（集団密航者を本邦に入らせ，又 （ទោសឱ្យអ្នកលួចចូលជាក្រុមចូលមកប្រទេសប៉ុន）
　は上陸させる罪）

　（集団密航者を本邦に向けて輸送 （ទោសដឹកជញ្ជូនអ្នកលួចចូលជាក្រុមមកប្រទេសប៉ុន ឬដឹកជញ្ជូន
　し，又は本邦内において上陸の場 អ្នកទាំងនោះទៅកន្លែងចូលប្រទេសប៉ុន）
　所に向けて輸送する罪）

　（船舶等の準備及び提供） 　　　（ការត្រៀមនិងផ្តល់នាវាជាអាទិ៍）

　（不法在留） 　　　　　　　　　（ការស្នាក់នៅខុសច្បាប់）

（不法残留）　　　　　　　　(ការស្នាក់នៅខុសច្បាប់)

（不法就労助長）　　　　　　(ការជួយជម្រុញឱ្យធ្វើការខុសច្បាប់)

（不法上陸）　　　　　　　　(ការឡើងប្រទេសជប៉ុនខុសច្បាប់)

（不法入国）　　　　　　　　(ការចូលប្រទេសជប៉ុនខុសច្បាប់)

（不法入国者等蔵匿隠避）　　(ការលាក់ខ្លួន ការលាក់បាំងអ្នកចូលខុសច្បាប់ជាអាទិ៍)

（旅券不携帯）　　　　　　　(ការមិនដាក់លិខិតឆ្លងដែនតាមខ្លួន)

・準強制性交等罪　　　　　　・ទោសប្រហារ់ប្រហែលនឹងការរំលោភសេពសន្ថវៈ

・準強制わいせつ罪　　　　　・ទោសប្រហារ់ប្រហែលនឹងការប្រព្រឹត្តអំពើអាសអាភាសដោយបង្ខំ

・準強姦罪　　　　　　　　　・ទោសប្រហារ់ប្រហែលនឹងការចាប់រំលោភ

・準詐欺罪　　　　　　　　　・ទោសប្រហារ់ប្រហែលនឹងការឆបោក

・傷害罪　　　　　　　　　　・ទោសបង្ករឱ្យរបួស

・傷害致死罪　　　　　　　　・ទោសបង្ករឱ្យរបួសដល់ស្លាប់

・消火妨害罪　　　　　　　　・ទោសរារាំងការពន្លត់អគ្គីភ័យ

・証拠隠滅罪　　　　　　　　・ទោសលាក់កស្តុតាង

・常習賭博罪　　　　　　　　・ទោសលេងល្បែងស៊ីសងជាប្រចាំ

・常習累犯窃盗罪　　　　　　・ទោសលួចជាច្រើនដង

・承諾殺人罪　　　　　　　　・ទោសសម្លាប់កម្មដោយមានការយល់ព្រម

・証人等威迫罪　　　　　　　・ទោសគម្រាមកំហែងសាក្សីជាអាទិ៍

・私用文書毀棄罪　　　　　　・ទោសធ្វើឱ្យខូចខាតឯកសារឯកជន

・嘱託殺人罪　　　　　　　　・ទោសសម្លាប់កម្មដោយការពឹងពាក់

・職務強要罪　　　　　　　　・ទោសបង្ខំក្នុងមុខងារ

・所在国外移送目的略取罪　　・ទោសចាប់ពង្រត់ក្នុងគោលបំណងបញ្ជូនចេញក្រៅប្រទេសដែលរស់
　　　　　　　　　　　　　　 នៅ

・信書隠匿罪　　　　　　　　・ទោសលាក់ឯកសារ

・信書開封罪　　　　　　　　・ទោសបើកមើលឯកសារ

・人身売買罪　　　　　　　　・ទោសជួញដូរមនុស្ស

- 信用毀損罪　・ទោសធ្វើឱ្យបាត់បង់ជំនឿ
- 窃盗罪　・ទោសលួច
- 騒乱罪　・ទោសកុប្បកម្ម
- 贈賄罪　・ទោសសិកប៉ាន់

【た　行】

- 逮捕罪　・ទោសចាប់ខ្លួន
- 逮捕致死罪　・ទោសចាប់ខ្លួនបង្កឱ្យស្លាប់
- 逮捕致傷罪　・ទោសចាប់ខ្លួនបង្កឱ្យរបួស
- 大麻取締法違反（所持，讓渡，讓受，使用，輸入）　・ទោសល្មើសច្បាប់ស្ដីពីការគ្រប់គ្រងកញ្ឆា (ការកាន់កាប់, ការធ្វើអនុប្បទាន, ការទទួលដោយអនុប្បទាន, ការប្រើ, ការនាំចូល)
- 多衆不解散罪　・ទោសមិនសោមតាមការបង្គាប់
- 談合罪　・ទោសសុមគ្រឡុងក្នុងការដេញថ្លៃ
- 通貨偽造罪　・ទោសក្លែងបន្លំរូបិយវត្ថុ
- 通貨偽造等準備罪　・ទោសត្រៀមក្លែងបន្លំរូបិយវត្ថុជាអាទ៍
- 電子計算機使用詐欺罪　・ទោសឆបោកដោយប្រើម៉ាស៊ីនគណនាអេឡិកត្រូនិក
- 電子計算機損壊等業務妨害罪　・ទោសកាំងការងារដោយបង្អូចម៉ាស៊ីនគណនាអេឡិកត្រូនិក
- 電磁的記録不正作出罪　・ទោសបង្កើតកំណត់អេឡិកត្រូម៉ាញ៉េទិកដោយខុសច្បាប់
- 電磁的公正証書原本不実記録罪　・ទោសកត់ត្រាព័ត៌មានមិនពិតចូលក្នុងឯកសារដើមនៃលិខិតយថាភូតអេឡិកត្រូម៉ាញ៉េទិក
- 逃走援助罪　・ទោសជួយការលួចរត់
- 逃走罪　・ទោសលួចរត់
- 盗品運搬（保管，有償讓受け，有償処分あっせん）罪　・ទោសដឹកជញ្ជូនវត្ថុចោរ (ការរក្សាទុក, ការទទួលដោយអនុប្បទានដោយមានតម្លៃ, ការជួយក្នុងការចាត់ចែងដោយមានតម្លៃ)
- 盗品無償讓受け罪　・ទោសទទួលដោយអនុប្បទាននូវវត្ថុចោរដោយគ្មានតម្លៃ
- 動物傷害罪　・ទោសបង្ករបួសដល់សត្វ

- 特別公務員職権濫用罪 ・ ទោសប្រើដោយបំពាននូវសិទ្ធិមន្ត្រីសាធារណៈពិសេស
- 特別公務員職権濫用等致死罪 ・ ទោសប្រើដោយបំពាននូវសិទ្ធិមន្ត្រីសាធារណៈពិសេសបង្កឲ្យស្លាប់
- 特別公務員職権濫用等致傷罪 ・ ទោសប្រើដោយបំពាននូវសិទ្ធិមន្ត្រីសាធារណៈពិសេសបង្កឲ្យរបួស
- 特別公務員暴行陵虐罪 ・ ទោសអំពើហិង្សាដោយមន្ត្រីសាធារណៈពិសេស
- 賭博罪 ・ ទោសលេងល្បែងស៊ីសង
- 賭博場開帳等図利罪 ・ ទោសបើកកន្លែងលេងល្បែងស៊ីសងដើម្បីយកផលប្រយោជន៍
- 富くじ発売罪 ・ ទោសលក់ឆ្នោត

【は　行】

- 売春防止法違反（勧誘，客待ち） ・ ទោសល្មើសច្បាប់ស្ដីពីការប្រឆាំងនិងពេស្យាចារ (ការល្បួងនាំ, ការចាំ ញៀវ)
- 背任罪 ・ ទោសប្រើហានៈខុសច្បាប់
- 犯人隠避罪 ・ ទោសលាក់បាំងឧក្រិដ្ឋជន
- 犯人蔵匿罪 ・ ទោសលាក់ខ្លួនឧក្រិដ្ឋជន
- 非現住建造物等放火罪 ・ ទោសដុតអាគារដែលគ្មានមនុស្សរស់នៅជាអាទិ៍
- 被拘禁者奪取罪 ・ ទោសចាប់ពង្រត់អ្នកជាប់ឃុំ
- 秘密漏示罪 ・ ទោសបង្ហាញការសម្ងាត់
- 被略取者引渡し（収受，輸送，蔵 匿，隠避）罪 ・ ទោសប្រគល់អ្នកត្រូវបានចាប់ពង្រត់ (ការទទួល, ការដឹកជញ្ជូន, ការ លាក់ខ្លួន, ការលាក់បាំង)
- 封印等破棄罪 ・ ទោសធ្វើឲ្យខូចតែមប្រិបិទភ្ជិត
- 不実記録電磁的公正証書原本供用 罪 ・ ទោសផ្ដល់ឯកសារដើមនៃលិខិតយថាភូតដែលមានកំណត់ត្រាអេ ឡិចត្រូម៉ាញេទិកមិនពិត
- 侮辱罪 ・ ទោសជេរប្រមាថ
- 不正作出電磁的記録供用罪 ・ ទោសផ្ដល់កំណត់អេឡិចត្រូម៉ាញេទិកខុសច្បាប់
- 不正指令電磁的記録供用罪 ・ ទោសផ្ដល់កំណត់អេឡិចត្រូម៉ាញេទិកបញ្ជាខុសច្បាប់
- 不正指令電磁的記録作成（提供） ・ ទោសបង្កើត (ផ្ដល់) កំណត់អេឡិចត្រូម៉ាញេទិកបញ្ជាខុសច្បាប់

罪

・不正指令電磁的記録取得（保管）
罪
・ទោសលទ្ធកម្ម (រក្សាទុក) កំណត់អេឡិកត្រូម៉ាញេទិកបញ្ជាខុសច្បាប់

・不正電磁的記録カード所持罪
・ទោសកាន់កាប់កាតមានកំណត់អេឡិកត្រូម៉ាញេទិកខុសច្បាប់

・不退去罪
・ទោសមិនចេញពីទីកន្លែង

・不動産侵奪罪
・ទោសឈ្លានពានអចលវត្ថុ

・放火予備罪
・ទោសត្រៀមបង្ករអគ្គីភ័យ

・暴行罪
・ទោសប្រព្រឹត្តអំពើហិង្សា

・保護責任者遺棄罪
・ទោសបោះបង់ចោលដោយអ្នកទទួលខុសត្រូវការពារ

・保護責任者遺棄致死罪
・ទោសបោះបង់ចោលដោយអ្នកទទួលខុសត្រូវការពារបង្កឱ្យស្លាប់

・保護責任者遺棄致傷罪
・ទោសបោះបង់ចោលដោយអ្នកទទួលខុសត្រូវការពារបង្កឱ្យរបួស

【ま　行】

・未成年者略取（誘拐）罪
・ទោសចាប់ពង្រត់ (ចាប់ជំរិត) អនីតិជន

・身の代金目的被略取者収受罪
・ទោសទទួលអ្នកត្រូវបានពង្រត់ក្នុងគោលបំណងជំរិតយកប្រាក់លោះ

・身の代金目的略取罪
・ទោសពង្រត់ក្នុងគោលបំណងជំរិតយកប្រាក់លោះ

・身の代金目的略取等予備罪
・ទោសត្រៀមពង្រត់ក្នុងគោលបំណងជំរិតយកប្រាក់លោះជាអាទិ៍

・身の代金要求罪
・ទោសទាមទារប្រាក់លោះ

・無印公文書偽造罪
・ទោសក្លែងបន្លំឯកសារសាធារណៈគ្មានត្រា

・無印私文書偽造罪
・ទោសក្លែងបន្លំឯកសារឯកជនគ្មានត្រា

・名誉毀損罪
・ទោសបរិហារកេរ្តិ៍

【や　行】

・有印公文書偽造罪
・ទោសក្លែងបន្លំឯកសារសាធារណៈមានត្រា

・有印私文書偽造罪
・ទោសក្លែងបន្លំឯកសារឯកជនមាត្រា

・有価証券偽造罪
・ទោសក្លែងបន្លំមូលប័ត្រដែលជួញដូរបាន

【わ　行】

- わいせつ物陳列（頒布，有償頒布目的所持）罪
- わいせつ電磁的記録記録媒体陳列（頒布，有償頒布目的所持）罪
- わいせつ電磁的記録等送信頒布罪

- わいせつ電磁的記録有償頒布目的保管罪

- ទោសតាំងវត្ថុអាសអាភាស (ចែកចាយ, កាន់កាប់ក្នុងគោលបំណងចែកចាយដោយយកកម្រៃ)
- ទោសតាំងមេឌៀមានកំណត់អេឡិកត្រូម៉ាញេទិកអាសអាភាស (ចែកចាយ, កាន់កាប់ក្នុងគោលបំណងចែកចាយយកកម្រៃ)
- ទោសចែកចាយតាមការបញ្ជូនកំណត់អេឡិកត្រូម៉ាញេទិកអាសអាភាស

- ទោសរក្សាទុកនូវកំណត់អេឡិកត្រូម៉ាញេទិកអាសអាភាសក្នុងគោលបំណងចែកចាយយកកម្រៃ

資料

証拠等関係カードの略語表（19 ページ参照）

1，2…	第1回公判，第2回公判…〔「期日」欄のみ〕	捜 押	捜索差押調書
前1，前2…	第1回公判前整理手続，第2回公判前整理手続…	記 押	記録命令付差押調書
間1，間2…	第1回期日間整理手続，第2回期日間整理手続…	任	任意提出書
※1，※2…	証拠等関係カード（続）「※」欄の番号1，2…の記載に続く	領	領置調書
決 定	証拠調べをする旨の決定	仮 還	仮還付請書
済	取調べ済み	還	還付請書
裁	裁判官に対する供述調書	害	被害届，被害てん末書，被害始末書，被害上申書
検	検察官に対する供述調書	追 害	追加被害届，追加被害てん末書，追加被害始末書，追加被害上申書
検 取	検察官事務取扱検察事務官に対する供述調書	答	答申書
事	検察事務官に対する供述調書	質	質取てん末書，質受始末書，質受始末書，質取上申書，質受上申書
員	司法警察員に対する供述調書	買	買受始末書，買受上申書
巡	司法巡査に対する供述調書	始 末	始末書
麻	麻薬取締官に対する供述調書	害 確	被害品確認書，被害確認書
大	大蔵事務官に対する質問てん末書	放 棄	所有権放棄書，電磁的記録に係る権利放棄書
財	財務事務官に対する質問てん末書	返 還	協議返還書
郵	郵政監察官に対する供述調書	上	上申書
海	海上保安官に対する供述調書	報	捜査報告書，捜査状況報告書，捜査復命書
弁 録	弁解録取書	発 見	遺留品発見報告書，置去品発見報告書
逆 送	家庭裁判所の検察官に対する送致決定書	現 認	犯罪事実現認報告書
告 訴	告訴状	写 報	写真撮影報告書，現場写真撮影報告書
告 調	告訴調書	交 原	交通事件原票
告 発	告発状，告発書	交原（報）	交通事件原票中の捜査報告書部分
自 首	自首調書	交原（供）	交通事件原票中の供述書部分
通 逮	通常逮捕手続書	検 調	検証調書
緊 逮	緊急逮捕手続書	実	実況見分調書
現 逮	現行犯人逮捕手続書	捜 照	捜査関係事項照会回答書，捜査関係事項照会書，捜査関係事項回答書
捜	捜索調書	免 照	運転免許証等の有無に関する照会結果書，運転免許証等の有無に関する照会回答書，運転免許調査結果報告書
押	差押調書	速 力	速度違反認知カード

選 権	選挙権の有無に関する照会回答書	寄 附	贖罪寄附を受けたことの証明
診	診断書	嘆	嘆願書
治 照	交通事故受傷者の病状照会について，交通事故負傷者の治療状況照会，診療状況照会回答書，治療状況照会回答書	(謄)	謄本
検 視	検視調書	(抄)	抄本
死	死亡診断書，死体検案書	(検)	検察官
酒 カ	酒酔い酒気帯び鑑識カード	(検取)	検察官事務取扱検察事務官
鑑 嘱	鑑定嘱託書	(事)	検察事務官
鑑	鑑定書	(員)	司法警察員
電 話	電話聴取書，電話報告書	(巡)	司法巡査
身	身上照会回答書，身上調査照会回答書，身上調査票，身上調査回答	(大)	大蔵事務官
戸	戸籍謄本，戸籍抄本，戸籍（全部・一部・個人）事項証明書	(財)	財務事務官
戸 附	戸籍の附票の写し	(被)	被告人
登 記	不動産登記簿謄本，不動産登記簿抄本，登記（全部・一部）事項証明書		
商登記	商業登記簿謄本，商業登記簿抄本，登記（全部・一部）事項証明書		
指	指紋照会回答票，指紋照会書回答票，指紋照会書通知書，指紋照会回答，指紋照会書回答，指紋照会回答書		
現 指	現場指紋による被疑者確認回答書，現場指紋等確認報告書		
氏 照	氏名照会回答書，氏名照会票，氏名照会記録書		
前 科	前科調書，前科照会（回答）書，前科照会書回答		
前 歴	前歴照会（回答）書		
犯 歴	犯罪経歴回答書，犯罪経歴電話照会回答書		
外 調	外国人登録（出入国）記録調査書		
判	判決書謄本，判決書抄本，調書判決謄本，調書判決抄本		
決	決定書謄本，決定書抄本		
略	略式命令謄本，略式命令抄本		
示	示談書，和解書		
受	受領書，受領証，領収書，領収証，受取書，受取証		
現 受	現金書留受領証，現金書留引受証		
振 受	振込金兼手数料受領書，振込金受領書		

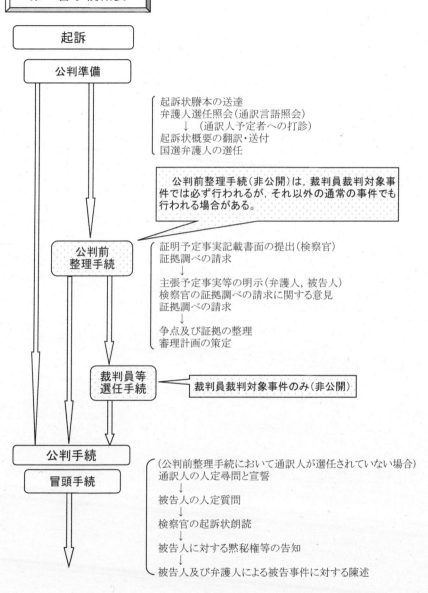

第一審手続概要

起訴

公判準備

- 起訴状謄本の送達
- 弁護人選任照会（通訳言語照会）
  - ↓　（通訳人予定者への打診）
- 起訴状概要の翻訳・送付
- 国選弁護人の選任

公判前整理手続（非公開）は，裁判員裁判対象事件では必ず行われるが，それ以外の通常の事件でも行われる場合がある。

公判前整理手続

- 証明予定事実記載書面の提出（検察官）
- 証拠調べの請求
  - ↓
- 主張予定事実等の明示（弁護人，被告人）
- 検察官の証拠調べの請求に関する意見
- 証拠調べの請求
  - ↓
- 争点及び証拠の整理
- 審理計画の策定

裁判員等選任手続

裁判員裁判対象事件のみ（非公開）

公判手続

冒頭手続

- （公判前整理手続において通訳人が選任されていない場合）
- 通訳人の人定尋問と宣誓
  - ↓
- 被告人の人定質問
  - ↓
- 検察官の起訴状朗読
  - ↓
- 被告人に対する黙秘権等の告知
  - ↓
- 被告人及び弁護人による被告事件に対する陳述

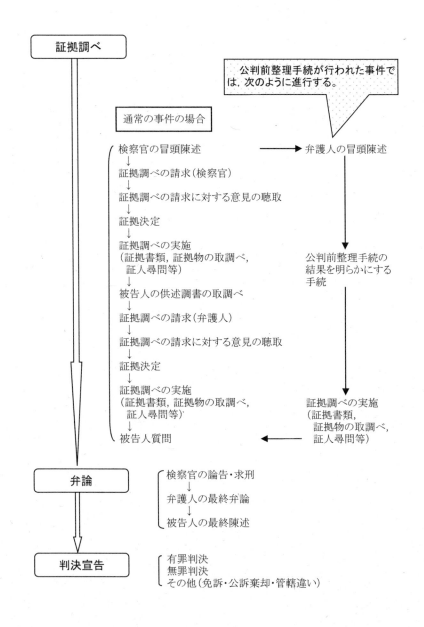

証拠調べ

公判前整理手続が行われた事件では，次のように進行する。

通常の事件の場合

検察官の冒頭陳述
↓
証拠調べの請求（検察官）
↓
証拠調べの請求に対する意見の聴取
↓
証拠決定
↓
証拠調べの実施
（証拠書類，証拠物の取調べ，
　証人尋問等）
↓
被告人の供述調書の取調べ
↓
証拠調べの請求（弁護人）
↓
証拠調べの請求に対する意見の聴取
↓
証拠決定
↓
証拠調べの実施
（証拠書類，証拠物の取調べ，
　証人尋問等）
↓
被告人質問

弁護人の冒頭陳述

公判前整理手続の
結果を明らかにする
手続

証拠調べの実施
（証拠書類，
　証拠物の取調べ，
　証人尋問等）

弁論
｛
検察官の論告・求刑
↓
弁護人の最終弁論
↓
被告人の最終陳述

判決宣告
｛
有罪判決
無罪判決
その他（免訴・公訴棄却・管轄違い）

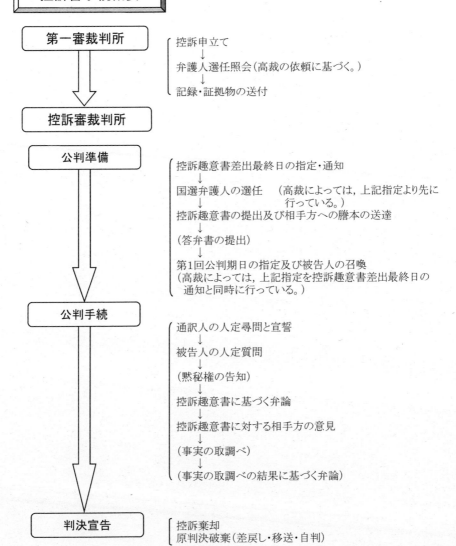

控訴審手続概要

第一審裁判所
- 控訴申立て
  ↓
- 弁護人選任照会(高裁の依頼に基づく。)
  ↓
- 記録・証拠物の送付

控訴審裁判所

公判準備
- 控訴趣意書差出最終日の指定・通知
  ↓
- 国選弁護人の選任　(高裁によっては,上記指定より先に行っている。)
  ↓
- 控訴趣意書の提出及び相手方への謄本の送達
- (答弁書の提出)
  ↓
- 第1回公判期日の指定及び被告人の召喚
- (高裁によっては,上記指定を控訴趣意書差出最終日の通知と同時に行っている。)

公判手続
- 通訳人の人定尋問と宣誓
  ↓
- 被告人の人定質問
  ↓
- (黙秘権の告知)
  ↓
- 控訴趣意書に基づく弁論
  ↓
- 控訴趣意書に対する相手方の意見
  ↓
- (事実の取調べ)
  ↓
- (事実の取調べの結果に基づく弁論)

判決宣告
- 控訴棄却
- 原判決破棄(差戻し・移送・自判)

法廷通訳ハンドブック　実践編
【カンボジア語】　　　　　　　　　　　　　　書籍番号 500311

令和 3 年 6 月10日　第 1 版第 1 刷発行

　　　　　　　　　監　　修　　最高裁判所事務総局刑事局

　　　　　　　　　発 行 人　　門　　田　　友　　昌

　　　　発 行 所　一般財団法人　法　　曹　　会

　　　　　　　〒100－0013　東京都千代田区霞が関1-1-1
　　　　　　　　　　振替口座　00120－0－15670
　　　　　　　　　電　　話　03－3581－2146
　　　　　　　　　http://www.hosokai.or.jp/

落丁・乱丁はお取替えいたします。　　　　印刷製本／㈱白樺写真工芸

　　　　ISBN　978-4-86684-072-7

本誌は再生紙を使用しています。